o perfume das flores à noite

leïla slimani

o perfume das flores à noite

Tradução
Francesca Angiolillo

Rio de Janeiro, 2024

Copyright © 2021 por Éditions Stock. Todos os direitos reservados.
Copyright da tradução © 2023 por Casa dos Livros Editora LTDA. Todos os direitos reservados.
Título original: *Le parfum des fleurs la nuit*

Todos os direitos desta publicação são reservados à Casa dos Livros Editora LTDA.

Nenhuma parte desta obra pode ser apropriada e estocada em sistema de banco de dados ou processo similar, em qualquer forma ou meio, seja eletrônico, de fotocópia, gravação etc., sem a permissão do detentor do copyright.

Publisher: *Samuel Coto*

Editora executiva: *Alice Mello*

Editora: *Lara Berruezo*

Editoras assistentes: *Anna Clara Gonçalves e Camila Carneiro*

Assistência editorial: *Yasmin Montebello*

Copidesque: *Suelen Lopes*

Revisão: *Érika Nogueira*

Design de capa: *Estúdio Daó (Giovani Castelucci e Guilherme Vieira)*

Imagem da capa: *Rijksmuseum*

Diagramação: *Abreu's System*

Dados Internacionais de Catalogação na Publicação (CIP)
(Câmara Brasileira do Livro, SP, Brasil)

Slimani, Leïla
 O perfume das flores à noite / Leïla Slimani ; [tradução Francesca Angiolillo]. – 1. ed. – Rio de Janeiro : HarperCollins Brasil, 2024.

 Título original: Le parfum des fleurs la nuit.
 ISBN 978-65-6005-138-6

 1. Autores franceses – Século 20 – Biografia 2. Autores franceses 3. Slimani, Leïla I. Título.

23-184896   CDD-928.41

Índices para catálogo sistemático:
1. Escritores franceses : Biografia   928.41
Aline Graziele Benitez – Bibliotecária – CRB-1/3129

Os pontos de vista desta obra são de responsabilidade de seu autor, não refletindo necessariamente a posição da HarperCollins Brasil, da HarperCollins Publishers ou de sua equipe editorial.

HarperCollins Brasil é uma marca licenciada à Casa dos Livros Editora LTDA.
Todos os direitos reservados à Casa dos Livros Editora LTDA.
Rua da Quitanda, 86, sala 601A – Centro
Rio de Janeiro, RJ – CEP 20091-005
Tel.: (21) 3175-1030
www.harpercollins.com.br

Se a solidão existe, o que desconheço, teríamos, efetivamente, o direito de sonhar com ela como se sonha com o Paraíso.
Albert Camus

Onde há Arte, não há nem velhice, nem solidão, nem doença, e mesmo a morte não é mais que metade dela mesma.
Anton Tchékhov

Para Jean-Marie Laclavetine,
que me fez nascer como escritora

Para meu amigo Salman Rushdie

Paris, dezembro de 2018

A primeira regra quando se quer escrever um romance é dizer não. Não, eu não vou sair para tomar uma tacinha. Não, eu não posso cuidar do meu sobrinho doente. Não, estou sem tempo para um almoço, uma entrevista, um passeio, uma ida ao cinema. É preciso dizer não tantas vezes que as propostas vão se tornando raras, o telefone não toca mais e a gente se lamenta de só receber e-mails com propaganda. Dizer não e passar por misantropo, arrogante, patologicamente solitário. Erguer em torno de si um muro de recusas contra o qual todos os pedidos e convites irão se desmantelar. Foi o que meu editor me disse quando comecei a escrever romance. E o que eu lia em todos os ensaios sobre literatura, de Roth a Stevenson, passando por Hemingway, que resumiu a questão de maneira simples e trivial: "Os maiores inimigos de um escritor são o telefone e as visitas". E acrescentou que, de todo modo, uma vez adquirida a disciplina, uma vez que a literatura se tornasse o centro, o coração, o único horizonte da vida, a solidão se impunha. "Os amigos morrem ou desaparecem, cansados talvez de nossas recusas."

Há alguns meses me obrigo a isso. A organizar as condições de meu isolamento. De manhã, quando meus filhos estão na escola, subo para o escritório e não saio de lá até a noite. Silencio o celular e me sento à mesa ou me estiro no sofá. Sempre sinto frio e, à medida que as horas passam, visto um casaco, depois outro, até que por fim me enrolo em uma coberta.

Meu escritório tem doze metros quadrados. Na parede da direita, uma janela dá para um pátio de onde sobe o cheiro de um restaurante. Cheiro de sabão em pó e de lentilha com bacon. Na parede da frente, uma tábua comprida de madeira faz as vezes de escrivaninha. As estantes estão repletas de livros e de recortes de jornal. Na parede da esquerda, colei post-its de diferentes cores. Cada cor correspondendo a um ano. Rosa para 1953, amarelo para 1954, verde para 1955. Nesses pedaços de papel, anotei nomes de personagens, ideias de cenas. Mathilde no cinema. Aïcha no campo de marmeleiros. Em um dia em que estava inspirada, estabeleci a cronologia do romance em que estou trabalhando e que ainda não tem título. Ele conta a história de uma família na cidadezinha de Meknès, no Marrocos, entre 1945 e a independência do reino. Um mapa da cidade, datado de 1952, está aberto no chão. Ali se veem claramente as fronteiras entre a cidade árabe, o *mellah* judaico[*] e o centro europeu.

***

---

[*] No Marrocos, *mellah* é a designação dada a um bairro judaico amuralhado no interior de uma cidade. [*N.T.*]

Hoje não é um bom dia. Estou sentada há horas nesta cadeira e meus personagens não falam comigo. Nada vem. Nem uma palavra, nem uma imagem, nem o começo de uma música que poderia me levar a escrever frases na página. Desde de manhã, fumei demais, perdi tempo em sites, tirei um cochilo depois do almoço, mas nada veio à mente. Escrevi um capítulo para em seguida apagá-lo. Volto a pensar na história que um amigo me contou. Não sei se é verdadeira, mas gostei muito dela. Enquanto escrevia *Anna Kariênina*, Liev Tolstói teria passado por uma grave crise de inspiração. Por semanas, não escreveu nem uma linha sequer. Seu editor, que havia lhe adiantado um valor considerável para a época, estava preocupado com o atraso do manuscrito, e, diante do silêncio do mestre, que não respondia às suas cartas, decidiu pegar o trem e ir questioná-lo. Chegando a Iasnaia Poliana, foi recebido pelo romancista e, quando lhe perguntou sobre a obra, Tolstói respondeu: "Anna Kariênina foi embora. Estou esperando que ela volte".

Longe de mim querer me comparar ao gênio russo ou algum dos meus romances a suas obras-primas, mas essa frase se tornou uma obsessão para mim: "Anna Kariênina foi embora". Às vezes também sinto que meus personagens me escapam, foram viver outra vida e não voltarão até que decidam retornar por conta própria. São completamente indiferentes ao meu desespero, às minhas orações, indiferentes até ao amor que lhes dedico. Foram embora e devo esperar que voltem. Quando estão aqui, os dias passam sem que eu perceba. Murmuro, escrevo tão rápido quanto posso, porque tenho medo de que minhas mãos sejam mais lentas do que o fio do meu pensamento. Nessas ocasiões, me aterroriza a ideia de que algo possa me desconcentrar, como um equilibrista que quase comete o erro de olhar para baixo. Quando eles estão aqui, minha vida gira em torno dessa obsessão, o restante do mundo não existe. Não passa de um cenário no qual caminho, como que iluminada, rumo ao fim de um longo e agradável dia de trabalho. Eu vivo apartada. A reclusão me parece a condição necessária para que a Vida aconteça. Como se, mantendo distância dos ruídos do mundo, protegendo-me deles, pudesse enfim surgir um outro possível. Um "era uma vez". Nesse espaço fechado, eu escapo, fujo da comédia humana, mergulho na espuma espessa das coisas. Eu não me fecho para o mundo, pelo contrário, eu o experimento com mais intensidade do que nunca.

Escrita é disciplina. Ela é a renúncia à felicidade, às alegrias cotidianas. Não podemos buscar nela cura ou consolo. Devemos, sim, cultivar nossas dores como os técnicos de laboratório cultivam bactérias em recipientes de vidro. É preciso reabrir as cicatrizes, remexer nas lembranças, reavivar as vergonhas e as velhas lágrimas.

Para escrever, é preciso se negar aos outros, negar-lhes sua presença, sua ternura, decepcionar amigos e filhos. Vejo nessa disciplina ao mesmo tempo motivo de satisfação, de felicidade, até, e a causa da minha melancolia. Minha vida inteira é regida por diversos "tenho que". Tenho que ficar quieta. Tenho que me concentrar. Tenho que ficar sentada. Tenho que resistir aos meus desejos. Escrever é impor entraves, mas desses entraves nasce a possibilidade de uma liberdade imensa, vertiginosa. Eu me lembro do momento em que me dei conta disso. Era dezembro de 2013, eu estava escrevendo meu primeiro romance, *No jardim do ogro*. Na época, morava no Boulevard Rochechouart. Eu tinha um filho pequeno e precisava aproveitar o período em que ele estava na creche para escrever. Sentada à mesa de jantar, diante do computador, pensei: "Neste exato momento, você pode dizer absolutamente tudo que quiser. Você, a criança educada que aprendeu a se segurar, a se conter, pode dizer a verdade. Você não tem obrigação de agradar ninguém. Não precisa temer magoar quem quer que seja. Escreva tudo o que quiser". Nesse imenso espaço de liberdade, a máscara social cai. Podemos ser outra pessoa, não somos mais definidos por um gênero, uma classe social, uma religião ou uma nacionalidade. Escrever é descobrir a liberdade de se inventar e inventar o mundo.

É claro, há muitos dias desagradáveis como o de hoje, e às vezes vêm em sequência, o que causa um desânimo profundo. Mas o escritor é um pouco como o dependente de ópio, como qualquer vítima de um vício: ele se esquece dos efeitos colaterais, das náuseas, das crises de abstinência, da solidão, e só se lembra do êxtase. Ele se dispõe a tudo para reviver esse ápice, o momento sublime no qual os personagens começaram a falar por meio dele, no qual a vida pulsou.

São cinco da tarde e a noite caiu. Não acendi o abajur e meu escritório está mergulhado na escuridão. Começo a acreditar que algo poderia surgir das sombras, um entusiasmo no último minuto, uma inspiração fulgurante. Pode acontecer de a escuridão permitir que as alucinações e os sonhos se alastrem como trepadeiras. Abro meu computador, releio uma cena que escrevi ontem. É sobre uma tarde que meu personagem passa no cinema. O que era exibido no cinema Empire de Meknès em 1953? Eu me lanço à pesquisa. Encontro na internet fotografias de arquivo muito emocionantes e logo as mando para minha mãe. Começo a escrever. Eu me lembro do que minha avó me contava sobre a lanterninha marroquina, grande e ríspida, que arrancava cigarros da boca dos espectadores. Estou prestes a começar um novo capítulo quando o alarme do meu celular dispara. Tenho um compromisso em meia hora. Um compromisso para o qual não soube dizer não. Alina, a editora que me espera, é uma mulher persuasiva. Uma mulher apaixonada que tem uma proposta a me fazer. Cogito mandar uma mensagem covarde e mentirosa. Poderia usar meus filhos como desculpa, dizer que estou doente, que perdi o trem, que minha mãe precisa de mim. Mas visto o casaco, enfio o computador na bolsa e saio da minha toca.

No metrô que me leva até ela, eu praguejo. "Você não vai chegar a lugar algum enquanto não souber se concentrar totalmente no seu trabalho." Em frente ao café onde a espero fumando um cigarro, juro a mim mesma que direi não. Dizer não a tudo o que ela propuser, independentemente do quão interessante seja o projeto. Dizer: "Estou escrevendo um romance e não quero fazer nada além disso. Talvez mais à frente, mas por enquanto, não". Tenho que me mostrar inflexível, manifestar uma certeza contra a qual ela nada possa.

Nós nos sentamos na varanda, apesar do frio de dezembro. Ninguém em Paris parece achar estranho que tanta gente, em pleno inverno, escolha um lugar ao ar livre para beber, segurando um cigarro entre os dedos gelados. Peço uma taça de vinho pensando que minha melancolia vai se diluir nele. Melancolia ridícula. Como alguém pode ficar triste por não ter conseguido escrever? Alina me fala de seu projeto, uma nova coleção intitulada *Minha noite no museu*. Eu mal a escuto, de tão corroída que estou pela dúvida e pela culpa. Terminada a taça de vinho, penso que talvez eu não escreva nunca mais, que nunca mais vou chegar ao fim de um romance. Estou tão angustiada que tenho dificuldade para engolir. "Será que você teria vontade de passar uma noite trancada em um museu?", pergunta Alina.

Não foi o museu que me convenceu. No entanto, a proposta de Alina era mais do que tentadora: dormir em pleno Punta della Dogana, monumento mítico de Veneza transformado em museu de arte contemporânea. Na verdade, para mim a perspectiva de dormir perto de obras de arte é irrelevante. Não alimento a fantasia de ter essas obras só para mim. Não penso que vou observá-las melhor sem a multidão, que capturaria mais profundamente seu sentido por estar frente a frente com elas. Nem por um segundo pensei que eu poderia ter algo de intrigante para escrever sobre arte contemporânea. Não sei muito a respeito. Tenho pouco interesse pelo tema. Não, o que me agradou na proposta de Alina, o que me levou a aceitar, foi a ideia de ficar confinada. Que ninguém pudesse ter contato comigo e que o exterior se tornasse inacessível para mim. Estar sozinha em um lugar de onde não poderia sair, onde ninguém poderia entrar. Essa é, sem dúvida, uma fantasia de romancista. Todos temos sonhos de clausura, de um teto sob o qual seríamos a um só tempo prisioneiro e carcereiro. Em todos os diários, em todas as correspondências de escritores que li, transparece esse desejo de silêncio, esse sonho com um isolamento propício à criação. A história da literatura está repleta de figuras de reclusos magníficos, de solitários ferrenhos. De Hölderlin a Emily Brontë, de Petrarca a Flaubert, de Kafka a Rilke, criou-se o mito do escritor fora do mundo, apartado da multidão e decidido a consagrar a vida à literatura.

Um amigo meu, escritor muito requisitado, me confessou nunca ter sido mais feliz do que no dia em que, por exaustão, quebrou a perna. "Passei um mês e meio trancado no meu apartamento e escrevi. Ninguém podia ficar com raiva de mim porque eu tinha a maravilhosa desculpa de estar engessado do pé à virilha." Muitas vezes pensei em me munir de um martelo e quebrar a tíbia. A escrita é um combate pela imobilidade, pela concentração. Um combate físico no qual é preciso reprimir, sem parar, o desejo de viver e de ser feliz.

Eu gostaria de fazer um retiro do mundo. Entrar no meu romance como quem ingressa em uma ordem religiosa. Fazer voto de silêncio, de modéstia, de total submissão ao meu trabalho. Gostaria de me devotar somente às palavras, esquecer tudo aquilo que compõe a vida cotidiana, não ter que me preocupar com nada além do destino de meus personagens. Para escrever meus romances anteriores, fiz retiros desse tipo em uma casa de campo ou em hotéis de cidades estrangeiras. Três ou quatro dias em que me fechava e acabava por perder a noção do tempo. Para terminar de escrever *Canção de ninar*, eu me recolhi na Normandia. Durante aquela semana, não vi ninguém. Não ouvi o som da minha própria voz. Não tomava banho, não me penteava, vagava de pijama pela casa silenciosa e comia qualquer coisa, a qualquer hora. Não atendia mais ao telefone, deixava os e-mails e as contas se acumularem e me esquivava de todas as obrigações. Acordava no meio da noite para escrever um texto cuja ideia surgira de repente em um sonho. No meu quarto reinava uma bagunça terrível. A cama estava coberta de livros, papéis, pedaços dormidos de brioche. Foi sem dúvida esse brioche a causa de eu ter acordado sobressaltada certa noite. Meu notebook estava aberto ao meu lado e, quando acendi a luz, percebi que meu braço, os livros e os lençóis estavam cobertos de formigas, que corriam a toda, em círculo, em uma dança aterradora. Raramente na minha vida fui tão feliz.

Naquela noite, voltando para casa, já estava arrependida da minha decisão. Como se ficar trancada por uma madrugada fosse resolver meus problemas de criatividade. Procuro na minha biblioteca o que possa haver sobre aquela alfândega marítima ou sobre Veneza. Tenho alguns guias, sem outra utilidade além de me indicar restaurantes baratos e o funcionamento do *vaporetto*.

Pego de uma estante um exemplar de *Venises* [Venezas], de Paul Morand. Abro o livro ao acaso e dou com este parágrafo: "Eu fugiria. Não sabia de quê, mas sentia que o sentido da minha vida iria se voltar para fora, para o exterior, para a luz. [...] Ao mesmo tempo, tinha início o movimento de um pêndulo que nunca mais me deixou, um gosto sem dúvida pré-natal pelo confinamento, a felicidade de viver em um quarto estreito contrariado pela embriaguez do deserto, do mar, das estepes. Eu detestava a clausura, as portas; fronteiras e muros me ofendiam". Assim também vivi minha vida toda. Nessa oscilação entre a atração pelo fora e a segurança do dentro, entre o desejo de conhecer, de me fazer conhecer e a tentação de me isolar completamente na minha vida interior. Minha existência é toda trabalhada nessa tensão entre o desejo de ficar quieta no meu quarto e a vontade, eterna, de me distrair, de estar em meio às pessoas, de me esquecer de mim. Tenho ao mesmo tempo o desejo de me disciplinar, de ficar tranquila, e o de me arrancar desse estado, da minha origem, e conquistar, pelo movimento, a liberdade. Eu vivo nesse desconforto constante: medo dos outros e atração por eles, austeridade e mundanidade, sombra e luz, humildade e ambição.

Às vezes eu me digo que se não falasse com ninguém, se guardasse todos os meus pensamentos para mim, eles não assumiriam esse tom banal que sinto quando os compartilho com outras pessoas. A conversa é inimiga do escritor. Seria preciso se calar, se refugiar em um silêncio obstinado e profundo. Se eu me impusesse uma mudez absoluta, poderia cultivar metáforas e voos poéticos com a facilidade com que se cultivam flores em estufas. Se eu me tornasse ermitã, veria coisas que a vida mundana não permite ver, escutaria sons que o cotidiano e a voz dos outros sempre terminam por encobrir. Quando se vive no mundo, parece que nossos segredos se deslindam, que nossos tesouros interiores ficam baços, que estragamos alguma coisa que, se mantida em segredo, poderia ter sido matéria-prima de um romance. O fora age sobre nossos pensamentos como o ar nos afrescos que Fellini filma em Roma e que se apagam ao serem expostos à luz. Como se o excesso de atenção, o excesso de luz, longe de preservar, levasse à destruição de nossa noite interior.

"Fiz o papel de doente imaginária e todo mundo me deixa em paz", escreve Virginia Woolf em seus diários. "Ninguém me pede mais para fazer o que quer que seja. Tenho a vã satisfação de me dizer que a decisão parte de mim, e não dos outros; e é um grande luxo poder ficar quieta no centro do caos. Tão logo começo a conversar e a exteriorizar meu espírito em uma conversa, a enxaqueca me toma e me sinto como um pano molhado." Expor-se, misturar-se aos outros, provoca às vezes esse estranho sentimento de vergonha, de degradação. Quando você escreve, a tagarelice agride, o exercício da conversa se mostra insuportável. Talvez porque nele esteja contido tudo o que você teme: os clichês, os lugares-comuns, as frases feitas que dizemos sem pensar. Os provérbios, as expressões consagradas podem se revelar extremamente violentas nesses momentos da escrita em que tentamos apreender o ambíguo, o impreciso, o meio-tom.

Quando meu pai se viu no meio de um escândalo político-financeiro, eu sofri pessoalmente com esse jeito de falar. As expressões populares são afiadas como pequenos punhais que cravamos nas chagas da vida. As pessoas diziam: "Onde há fumaça, há fogo". Bem, há fogos que ardem lentamente sem que fumaça alguma saia da lareira. Há chamas que se extinguem em segredo, e há fumaças escuras e pegajosas que sujam tudo, que sufocam o coração, que afastam os amigos e a felicidade. Fumaças cujos fogos de origem passamos anos procurando, e que talvez jamais encontremos.

* * *

O que não dizemos nos pertence para sempre. Escrever é jogar com o silêncio, é revelar, de forma indireta, os segredos indizíveis da vida real. A literatura é uma arte da contenção. Há de se conter como nos primeiros momentos do amor, quando nos vêm à mente frases banais, declarações ardentes que nos obrigamos a calar para não estragar a beleza do momento. A literatura consiste em uma erótica do silêncio. O que conta é o não dito. Na verdade, talvez seja a nossa época e não só minha profissão de escritora o que me leva a desejar a solidão e a calma. Eu me pergunto o que Stefan Zweig pensaria dessa sociedade obcecada pela exibição de si e pela encenação da existência. Dessa época em que toda tomada de posição nos expõe à violência e ao ódio, na qual o artista se obriga a estar de acordo com a opinião pública. Na qual escrevemos, sob o impacto do impulso, 140 caracteres. Em *Autobiografia: o mundo de ontem*, Zweig traça um retrato cheio de admiração do poeta Rainer Maria Rilke. Pergunta-se que lugar o futuro reservará a escritores como ele, que fizeram da literatura uma vocação existencial. Zweig escreve: "Mas não é precisamente a nossa época a que não permite nenhum silêncio nem mesmo ao mais puro, ao mais marginal, aquele silêncio da espera e da maturação e da reflexão e da concentração?".*

---

* Tradução de Kristina Michahelles, Zahar, 2014. [*N.T.*]

Veneza, abril de 2019

Se eu não tinha nada a comentar sobre arte contemporânea, o que eu poderia dizer sobre Veneza? Não há nada mais aterrorizante para um escritor do que assuntos sobre os quais parece que tudo já foi dito. ("Evite de início as formas usuais e demasiado comuns: são essas as mais difíceis, pois precisa-se de uma força grande e amadurecida para se produzir algo de pessoal em um domínio em que sobram tradições boas, algumas brilhantes",[*] aconselha Rainer Maria Rilke a seu jovem poeta.) Não posso me contentar em celebrar a beleza da cidade, descrever minha emoção, utilizar expressões como "sereníssima" ou "cidade dos doges". Impossível falar das águas estagnadas, da melancolia, do humor risonho de Goldoni, da beleza que se oferece a cada esquina. Poderia citar Thomas Mann, Philippe Sollers, Ezra Pound, Jean-Paul Sartre. Mas não avançaria muito. Poderia escrever um libelo contra o turismo de massa, contra os navios que vertem cen-

---

[*] Tradução de Paulo Rónai, Biblioteca Azul, 2013. [*N.T.*]

tenas de visitantes no canal. Poderia zombar da feiura dos turistas, de sua vulgaridade e de seu espírito gregário. O turista que se permite ser percebido como tal provoca sempre um sentimento de rejeição. Ao contrário do dândi, que exibe sua diferença e cultiva uma estética da marginalidade, o turista é o ser deselegante por excelência. Esse espécime odeia a imagem que ele mesmo projeta, quer a todo custo que quem passa não o confunda com os outros turistas. Quer se passar pelo que não é, ou seja, um local, uma pessoa familiarizada com os lugares, um autóctone. Quer esconder sua surpresa, não deixar que percebam que ele está perdido ou que é uma presa fácil para batedores de carteira e outros trapaceiros. O turista é um personagem comovente. E mais ainda quando tenta esconder o guia que traz na mão e que promete fazê-lo descobrir a "Veneza secreta", "fora dos caminhos batidos". Em *Le Vain Travail de voir divers pays* [O vão trabalho de ver diversos países], Valery Larbaud zomba ternamente dos turistas, que ficam na superfície das coisas e permanecem estrangeiros à realidade dos países pelos quais passam. "Ontem, duas inglesas idosas que queriam sorvete só sabiam dizer 'sorvete', e eu julguei que deveria ir ao seu auxílio. *'They call it gelato. / Oh, jaylar-tow! Thank you very much.'* E tiveram seus sorvetes, as queridas velhotas. Por ignorarem o italiano, sua viagem deve ter um caráter cinematográfico: um filme que se desenrola — paisagens, ruas, multidões, uma vida da qual elas não podem fazer parte."

Eu aterrisso em Veneza no começo da tarde. O barco-táxi me deixa diante do hotel Londra Palace, a poucos passos da ponte dos Suspiros. São sete horas da noite e em menos de duas estarei enclausurada. Atravesso os bairros mais turísticos da cidade. Abro caminho em meio aos grupos na praça de São Marcos. Veneza parece um cenário de papel machê e não consigo deixar de notar a feiura das vitrines, a tristeza dos restaurantes com menus caros demais. Em uma praça, observo um homem que se dirige, com gestos amplos, a um casal de holandeses e seus filhos. Os turistas arrastam atrás de si malas pesadas com rodinhas, e o homem tenta explicar, em um péssimo inglês, que aquilo faz barulho e perturba os moradores do bairro. Quando por fim entende, a mulher holandesa leva a mão à boca e com um gesto indica ao marido que levante as malas. O homem aquiesce, mas faz uma careta. Ele parece achar que aqueles venezianos são sensíveis demais.

"Não são as cidades e as paisagens que me interessam de fato. Na verdade, meu interesse sempre se voltou aos seres humanos. Para mim, não é na Galleria degli Uffizi ou nos jardins de Boboli que se encontra o espírito de Florença, mas em uma visão, aquela de uma mulher inglesa ou de um sapateiro toscano em uma viela estreita próxima à Via Tornabuoni", escreveu o romancista húngaro Sándor Márai em seu diário, e nisso concordo com ele.

* * *

Recordo uma viagem que fiz a Kyoto, alguns anos atrás. No bairro de Gion, os turistas importunavam as gueixas, perseguindo-as para tirar fotos. Desde então, acho que as autoridades da cidade proibiram fotografias naquela área. Em Barcelona, milícias antituristas praticaram atos violentos há poucos dias. Em todos os destinos mais visitados do mundo, moradores se reúnem em comissões contra a mercantilização de seu modo de vida, contra o sacrifício de sua tranquilidade em nome de interesses financeiros. Em Veneza, mais do que em qualquer outro lugar, sente-se o impacto do que Patrick Deville chama de "desrealização do mundo, a recusa à história e à geografia". O turista é apenas um consumidor entre outros que querem "fazer" Veneza e levar de sua viagem autorretratos tirados com um bastão de selfie, nos quais a cidade não passa de pano de fundo. Estamos condenados a viver no império do mesmo, a comer em restaurantes idênticos, a percorrer as mesmas lojas em todos os continentes. Em trinta anos, a população de Veneza foi reduzida à metade. Os apartamentos, aqui, são alugados para viajantes. São 28 milhões por ano. Os venezianos, por sua vez, são como indígenas em uma reserva, últimas testemunhas de um mundo que morre diante de seus olhos.

Caminho no meio da multidão. Compreendo que me basta estar aqui, deixando-me engolir pelo presente. Sinto-me feliz, surpreendentemente serena. Não existo mais em meio àquela turba vinda do mundo todo. Tenho a impressão de desaparecer, de me dissolver na multidão, e é uma sensação deliciosa. Em *O pintor da vida moderna*, Baudelaire descreve essa sensação por meio da figura de Constantin Guys, um pintor "muito afeito às viagens e bastante cosmopolita". "A multidão é seu domínio, como o ar é o do pássaro, como a água, o do peixe. Sua paixão e sua profissão consistem em *esposar a multidão*. Para o perfeito *flâneur*, para o observador apaixonado, constitui um grande prazer fixar domicílio no número, no inconstante, no movimento, no fugidio e no infinito. Estar fora de casa e, no entanto, sentir-se em casa em toda parte; ver o mundo, estar no centro do mundo, e continuar escondido do mundo."*

Em uma viagem à Índia, eu já tinha vivido essa atenção intensa sobre o presente, essa sensação de estar ali. Eu lembro que os que estavam comigo me perguntavam sem parar sobre minhas impressões. Queriam saber o que eu estava experimentando, o que eu apreendia da paisagem que se abria para mim. O que eu achava das pessoas, se estava chocada ou, ao contrário, deslumbrada por aquele espetáculo tão diferente do meu cotidiano. Mas eu não dizia nada. Era incapaz de fazer comentários, como eles esperavam, sobre a miséria ou a sujeira das ruas. Talvez eles tenham tomado meu silêncio por tolice ou indiferença. Em alguns lugares, saturados de palavras, de significados, lugares onde você se

---

* Tradução de Tomaz Tadeu, Autêntica, 2010. [*N.T.*]

sente obrigado a experimentar essa ou aquela emoção, o silêncio é a melhor manobra. É nesse estado de espírito que atravesso Veneza. Um sol baixo, de tom alaranjado, faz com que as fachadas dos palácios reluzam. Percorro a cidade em silêncio, faço da experiência algo puramente interior. Para apreciar seu esplendor, procuro não a exprimir nem a capturar com minha máquina fotográfica.

Eu me sento à varanda de um restaurante. Peço sardinhas, macarrão com abóbora, um bife à milanesa e pequenas amêijoas com alho e salsinha. Tomo uma taça de vinho tinto. Gostaria de puxar conversa com a mulher que me atendeu, seus olhos grandes e tristes contornados por olheiras arroxeadas. Gostaria de lhe dizer que estou me preparando para ficar trancada e que, desta vez, não sinto medo. É o lado de fora que me amedronta. São os outros, sua violência, sua agitação. Eu nunca tive medo da solidão. Além disso, o que eu deveria temer em um museu deserto? Um segurança psicopata? Fantasmas? Seria uma bênção se eles decidissem aparecer à minha frente. Para uma romancista, seria um sonho dialogar com espíritos. Que sorte seria se viessem sussurrar no meu ouvido. Nesta varanda onde começa a fazer frio, eu me ponho a imaginar que, esta noite, meus mortos virão ao meu encontro.

Caminho por vielas estreitas e obscuras. Acima, um céu carregado de estrelas. Em Veneza, a noite é opaca, e isso é anormal em uma época em que tudo é iluminado, transparente, em que o cuidado com a segurança leva consigo o charme das vielas escuras. As cidades grandes, hoje em dia, são desprovidas de céu noturno. Na varanda de um restaurante, casais aproveitam a brandura desta noite de abril. A Dogana já não está tão longe. Tudo o que escuto é o ruído dos meus sapatos no chão de pedra e as ondulações se chocando contra os barcos amarrados. Sou uma jovem entrando no convento.

Toco a campainha junto à porta do museu. Espero por muito tempo, considero que talvez tenham esquecido de mim, que estou atrasada. Estou prestes a dar meia-volta quando um homem abre a porta. "Meu nome é Leïla. Sou a escritora que vai dormir aqui."

Ele ri. Parece achar a situação um pouco absurda. Faz sinal para que eu entre, e a porta pesada se fecha atrás de mim.

O guarda me leva por uma rápida visita pelo museu. Ele não fala francês, eu não falo italiano, mas nos entendemos. À direita, ele me mostra onde ficam os banheiros, e à esquerda, o café e a lojinha, que tem muitos livros sobre Veneza e sobre arte contemporânea. Ele me dá um folheto com o mapa do museu.

Vista do alto, a alfândega marítima parece um navio quebra-gelo, com a proa pontuda e com seus entrepostos imponentes, projetados no século XVII por Giuseppe Benoni. Quase dá para dizer que o prédio vai começar a deslizar sobre a água, que vai se mexer, se tornar barco, caravela, veleiro entregue às mãos de uma tripulação sedenta por aventuras. Dentro, o antigo e o novo se misturam. Tadao Ando, arquiteto japonês responsável pela recuperação do edifício, escolheu preservar os materiais originais. As altas paredes ocre de traquito — pedra típica das ruas de Veneza — estão cobertas de salitre. A alvenaria foi refeita com a técnica de *scuci-cuci* (descosturar-costurar), que consiste em substituir cada tijolo danificado por um novo. Dessa forma, se misturam nessa parede, de maneira indistinta, o passado e o presente, o antigo e o moderno, as cicatrizes e a juventude. O teto original também foi restaurado e perfurado com claraboias, para deixar entrar no entrar luz natural no museu. Acima de mim, percebo a majestosa estrutura em madeira.

O conjunto, com uma superfície total de cinco mil metros quadrados, passa uma impressão de austeridade, de vazio. Dentro desse triângulo isósceles de 105 metros de lado, o espaço se divide em nove naves de dez metros de largura. Os espaços mais imponentes são os do centro: uma grande sala quadrada, com paredes de concreto, material caro ao arquiteto japonês. Imagino sem qualquer esforço a época em que esse prédio servia de alfândega para as mercadorias vindas pelo mar. Escuto o barulho das cargas sendo desembarcadas, os gritos dos homens que trabalham pesando, fiscalizando, embalando. Vejo as embarcações, imensas caravelas, atracarem aqui, o ventre cheio de especiarias, de tecidos preciosos e de alimentos exóticos. O prédio está vivo, corroído pela natureza, os tijolos recobertos de sal. Em certos pontos, na parede, nasceram flores brancas. É como se eu estivesse no coração de um organismo vivo. Como se eu tivesse sido engolida por uma baleia.

O guarda me tira do devaneio. Parece ter pressa de voltar ao conforto de sua mesa e faz sinal para que eu o siga pela imponente escada de concreto. A balaustrada de vidro continua em uma espécie de corredor e chegamos ao primeiro andar. Ele se divide em salas menores, a maioria com janelas das quais se pode ver a água estagnada do canal. Minha cama foi montada em uma sala onde estão expostas imagens da fotógrafa norte-americana Berenice Abbott. É uma pequena cama de armar cuja cor laranja remete à das paredes.

O guarda me olha com ar divertido.

— Está bom?

Aceno com a cabeça e repito:

— Sim, *grazie, grazie*, muito obrigada.

— *Buona notte* — diz ele, antes de desaparecer.

Comi demais, bebi além da conta. Me comportei de forma absurda. Eu me empanturrei como se tivesse medo da penúria; como se fosse viajar por muito tempo. Sinto vontade de vomitar. O vinho me deu sono. Aquele bife à milanesa foi de fato uma péssima ideia. Eu me deito na cama estreita e desconfortável. É nela, então, que esperam que eu durma como um bebê? Eu, que tinha medo de não pregar o olho, me sinto completamente entorpecida. Queria tanto fumar um cigarro. Tiro um do maço, puxo o isqueiro do bolso e, por alguns minutos, só penso nisso. Em quartos de hotel no mundo todo, tornou-se impossível fumar. Não se pode abrir as janelas. Na Ásia, nos Estados Unidos, dormi em quartos no trigésimo andar cujos vidros eram canelados, a fim de evitar que o hóspede tenha vertigem ao olhar a interminável selva de ruas de mão dupla e arranha-céus. Dessas janelas, tem-se vistas de tirar o fôlego para horizontes escuros de fuligem, mas é impossível respirar o ar do lado de fora. Às vezes, quando viajo, tento subterfúgios. Abro o basculante do banheiro, subo no vaso sanitário ou me ajoelho no peitoril de uma janela. Coloco o braço para fora e pressiono os lábios, e o que deveria ser um prazer — culposo, sim, mas ainda assim, um prazer —, se revela uma acrobacia que me faz sentir terrivelmente ridícula. Certa vez, em Zagreb, uma mulher ficou me olhando enquanto eu fumava um cigarro na janela. Ela estava em um apartamento térreo e chamou o marido, apontando para mim. Os filhos também se somaram à cena, e todos me encaravam sem que eu entendesse por quê. Durante os três dias que passei naquele quarto, a cada vez que eu ia fumar, a estranha família ressurgia e me observava com desconfiança. Pensei em escrever um romance sobre isso. Devo ter anotado essa ideia em algum lugar e, um dia, em um caderno, sem dúvida vou me indagar sobre o sentido destas palavras: "O cigarro na janela, família estranha, novela de tom fantástico".

É obvio que, em um museu, nem vale a pena pensar nisso. Aqui as janelas não abrem, há detectores de fumaça em toda parte, e sobretudo câmeras. Talvez o guarda esteja me observando na sala de controle, em um monitor de segurança. Ele deve me achar risível, sentada em minha cama de armar, meu casaco sobre as costas. Gostaria muito de ir vê-lo, perguntar sobre sua vida de guarda de museu, sobre sua vida e ponto-final. De fato, eu teria muito mais interesse em saber o que ele acha das obras que é encarregado de vigiar do que minha opinião sobre elas.

* * *

Em que armadilha eu me enfiei dessa vez? Por que aceitei escrever este texto se tenho a profunda convicção de que a escrita deve responder a uma necessidade, a uma obsessão íntima, a uma urgência interior? Aliás, quando jornalistas me perguntam por que escolhi determinado tema para meu romance, eu sempre tenho dificuldade para responder. Invento qualquer coisa, uma mentira crível. Se eu lhes dissesse que são os temas que nos escolhem, e não o oposto, eles certamente me considerariam esnobe ou louca. A verdade é que os romances se impõem, eles nos devoram. São como um tumor que cresce dentro você, que toma o controle de todo o seu ser e do qual só é possível se curar se rendendo a ele. Pode surgir beleza de um texto que não venha de nós?

"Dormir em um museu." Um dos meus amigos zombou do exercício ao qual vou me prestar. Não acho que eu seja suscetível, mas sou muito sensível às possíveis críticas sobre meu trabalho, minha maneira de pensar, os projetos que aceito e o modo como os levo a cabo. Esse amigo sabe disso e perguntou de que essa experiência serviria, o que eu poderia contar, e pareceu contente quando eu comecei a balbuciar justificativas um tanto confusas. "É uma espécie de performance. Uma experiência existencial." Inventei qualquer coisa, tentei dar sentido a uma escolha que, àquela altura, já não tinha nenhum. "Sinceramente, não há nada mais interessante para um escritor fazer do que ir dormir em um museu? Os escritores teriam mais utilidade do lado de fora, narrando o mundo, dando voz a pessoas que nunca escutamos. Vou ser honesto com você: acho bem esnobe essa história de noite no museu."

Eu me pergunto o que esperam que eu faça. Passeie pelas alas? Veja obra por obra, tentando tirar alguma coisa delas, um sentimento qualquer? Essa obrigação me faz gelar, ela me paralisa e, no estado de cansaço em que estou, só desejo uma coisa, deitar e sonhar. Mas este não é um quarto de hotel, digo a mim mesma. Eu me endireito, arregalo os olhos. Seja razoável. Você não vai se deitar logo depois de chegar! Por acaso acha que está aqui para dormir? Você tem algo a fazer, um texto para escrever.

Eu admiro as pessoas que dizem: "Não tenho medo de coisa alguma". Tenho fascínio por aqueles que demonstram coragem física e moral, aqueles que não temem o conflito, que não desatam a correr no meio da rua, tomados por um pânico irracional. Eu, que sou muito medrosa, me sinto protegida nesse lugar, nesse santuário. Adoro estar fechada na escuridão de uma sala de cinema. Não sinto medo em bibliotecas, em livrarias, nos pequenos museus de bairro aos quais se vai menos pela qualidade da exposição e mais para encontrar onde se aquecer. No resto do tempo, sinto medo. Talvez isso se deva ao fato de eu ter sido educada por uma mãe inquieta cuja palavra de ordem era: "Cuidado!". Uma mãe que via riscos em tudo: cair, se machucar, pegar friagem ou chamar a atenção de um predador. Na época, eu tinha raiva dela por ser tão ansiosa. Sentia que ela me impedia de viver. E, quando tive filhos, me arrependi desses pensamentos. Compreendi aquele terror que te toma e paralisa. Sonho de vez em quando que fecho meus filhos em um frasco de vidro que os protegeria de tudo, que os tornaria invencíveis, inacessíveis aos dramas e aos perigos.

Em Paris, o cômodo que uso como escritório é pequeno e escuro, apertado como um ninho. Gosto de escrever com a porta e as cortinas fechadas. Muitos dos meus amigos escritores — sobretudo homens, aliás — me contam que, para eles, a escrita é indissociável de correr ou caminhar. Fazem jogging na floresta, nos boulevares ou passeiam no fim do dia. É um tema clássico da literatura, de Montaigne a Murakami, passando por Jean-Jacques Rousseau. Não tenho certeza se sei caminhar assim. Não tenho nada de uma *flâneuse* que vaga com o coração leve, sem se preocupar em alcançar um objetivo ou com as pessoas com quem vai cruzar. Tenho medo dos homens que poderiam me seguir. Os corredores me assustam. Muitas vezes eu me viro quando ouço passos atrás de mim. Não me aventuro por ruas que não conheço. Na primeira vez que peguei o trem em Paris, o homem sentado à minha frente desabotoou a calça e se masturbou me olhando fixamente. Outro enfiou o pé na porta do meu prédio, tarde da noite, e quem salvou minha pele foi um vizinho que chegava na mesma hora que eu. Por muito tempo, sonhei em ser invisível. Imaginava estratagemas e tinha inveja dos garotos que não sentiam esse tipo de medo. Se continuo a me fechar, se evito o exterior, é talvez menos para escrever e mais devido ao meu terror. Várias vezes me perguntei como teria sido minha vida se eu não tivesse tido medo. Se eu tivesse sido intrépida, corajosa, uma aventureira capaz de enfrentar os perigos. "Nós somos o sexo do medo",* escreve Virginie Despentes em *Teoria King Kong*.

Neste museu, não sinto medo, mas me sinto pouco à vontade, tosca. Percebo que estou atrapalhando, que não tenho o que fazer aqui, que perturbo o descanso de alguém ou algo. Pode ser que, como nas histórias infantis, os objetos ganhem vida quando a noite cai e ninguém está olhando. Nessa hora, as obras se esticam e se mexem, os fantasmas saem das esculturas que inspiraram, os personagens de ficção passam a existir. Mas eu estou ali, testemunha inconveniente, presença incômoda e desajeitada, e o grande cortejo noturno não pode acontecer. Tiro meus sapatos porque o ruído dos saltos no chão me incomoda. Gostaria de ficar bem pequenina.

De pés descalços, decido passear pelo museu, seguir o percurso que faria um visitante que chegasse ao balcão, comprasse um ingresso e, meticulosamente, observasse as obras, decifrasse suas explicações e tentasse apreender o que os artistas têm a dizer. Não sei muita coisa de arte contemporânea. A arte, ao contrário dos livros, entrou tarde na minha vida. Na casa da minha avó, as paredes eram atulhadas de quadros de gosto duvidoso. Naturezas-mortas feias de doer, buquês de flores de cores gastas e, pairando sobre tudo isso, um retrato grandiloquente do meu avô vestindo seu

---

* Tradução de Márcia Bechara, n-1, 2016. [*N.T.*]

uniforme de *spahi**, acima da lareira. Meus pais, por sua vez, se interessavam por pintores contemporâneos marroquinos. Eu me lembro dos personagens *naïfs* da pintora Chaabia ou das obras de Abbès Saladi, cujas criaturas monstruosas com cabeça de pássaro ou cavalo assombraram meus pesadelos infantis. Meu pai também pintava e, no fim da vida, quando já não trabalhava e se deixava levar pela melancolia, pintou algumas telas muito bonitas. Céus escuros, rasgados por tempestades. Desertos pedregosos, carregados de mágoa. Depois da prisão, pintou personagens com cabeça de escafandro. Tenho uma foto dele, sentado no chão no ateliê de um amigo. Seus dedos estão cobertos de tinta vermelha, tem o rosto voltado para a câmera e um ar feliz. Mas acho que nunca falamos de arte.

Nos anos 1980, não havia museus em Rabat. Quando criança, nunca visitei uma exposição, e o meio artístico me parecia reservado a uma elite vinda de outro mundo. Naquela época, a arte ainda era vista através de um prisma muito ocidental e esses pintores marroquinos de que meus pais gostavam não tinham a visibilidade que viriam a adquirir nos anos 2000, quando a arte africana entrou em voga. Grandes quadros, esculturas famosas, eu só havia visto reproduções dessas

---

* Nome atribuído a soldados da cavalaria otomana, usado igualmente para intitular os cavaleiros de um corpo do Exército francês criado no Norte da África em 1834. Os regimentos de *spahis* argelinos, marroquinos e tunisianos se destacaram sobretudo durante a Segunda Guerra Mundial e foram dissolvidos em 1962. [*N.T.*]

obras nos meus livros de história ou em fascículos de museus que meus pais tinham trazido do exterior. Eu conhecia de nome Picasso, Van Gogh e Botticelli, mas não fazia ideia do que se podia experimentar ao admirar seus quadros. Se os romances eram objetos acessíveis, íntimos, que eu comprava em um sebo perto da escola e devorava no meu quarto, a arte era um mundo longínquo, e suas obras se escondiam atrás dos muros altos dos museus europeus. Minha cultura girava em torno da literatura e do cinema, e talvez isso explique por que desde tão jovem desenvolvi uma obsessão pela ficção.

Nas primeiras vezes que fui a um museu depois de me mudar para Paris, fiquei impressionada, um pouco inibida. Exatamente como no teatro, outra experiência rara no Marrocos e que exige um pouco de hábito, acho, para ser apreciada. Nos museus, eu observava os outros. Quando se demoravam diante de uma tela, eu também ficava bastante tempo ali, pois supunha que ela fosse mais importante do que as outras. Como boa aluna, lia todas as legendas, procurava guardar o título do quadro, o nome da escola à qual aquele pintor pertencia. Eu me perguntava se um dia também seria capaz de dizer frases como: "Que colorista!" ou "Que domínio da perspectiva". Aos 25 anos, viajei para a Itália com um amigo que tinha estudado Belas-Artes. Ele foi comigo em minha primeira visita à Galleria degli Uffizi e, diante de cada quadro, eu fazia uma cara compenetrada, me comportava como se fosse minha primeira comunhão, as costas curvadas diante de tanta beleza e talento. Meu amigo zombou de mim. Dessa deferência um pouco idiota, da total falta de liberdade e de senso crítico que eu demonstrava. "Não assuma esse ar submisso", disse ele. "Vá até o que agrada você, o que a emociona." Desde então, tive a sorte de visitar vários museus e tentei seguir os conselhos do meu amigo. Eu queria ser uma visitante hedonista, que se deixasse guiar somente pelo gosto pessoal e as emoções. A verdade, no entanto, é que aquela sensação de mal-estar nunca se dissipou. Os museus ainda hoje me parecem lugares opressores, fortalezas dedicadas à arte, à beleza, à genialidade, e onde me sinto minúscula. Neles, experimento um sentimento de estranheza, uma distância que procuro esconder sob uma falsa displicência. O museu continua a ser, para mim, um derivado da cultura ocidental, um lugar elitista cujos códigos ainda não adquiri.

Volto a caminhar pelo Punta della Dogana, com o folheto em mãos. A exposição em cartaz é intitulada *Luogo e Segni*, "Lugar e signos". Ela reúne 36 artistas cujas obras exploram a relação do homem com a natureza, a capacidade do artista de captar a poesia do mundo, de revelar a memória dos objetos e a presença, entre nós, de fantasmas e de mortos. Os dois curadores da exposição quiseram também destacar a ligação entre os artistas em si, e a forma como eles convivem, se inspiram, se gostam. Uma figura paira sobre todas as outras, a da pintora e poeta libanesa Etel Adnan, com obras expostas em diferentes salas e poemas que podem ser ouvidos na voz de Bob Wilson. Nascida em Beirute em 1925, Etel Adnan estudou em Harvard e depois passou a viver na Califórnia. Seus primeiros livros, *L'Apocalypse arabe* [O apocalipse árabe] e *Sitt Marie Rose: Amor e sangue no Líbano*, fizeram dela uma das principais figuras do pacifismo e da luta contra as guerras do Líbano e do Vietnã. Eu a descobri há quase dez anos, graças a uma entrevista em um jornal de grande circulação. Na época, fiquei surpresa com a sabedoria de suas colocações, com a profundidade que ela demonstrava ao descrever seu trabalho de artista plástica e escritora. Herdeira da grande tradição árabe, ela via a escrita e a pintura como disciplinas irmãs, que se nutrem mutuamente. Seus quadros, paisagens abstratas de cores vivas, com a pureza da visão de uma criança, me seduziram por sua beleza intensa. Ela as pintava observando as colinas pela sua janela na Califórnia. Ou evocando uma lembrança fugidia, a infância na Grécia, no Líbano, e tentava devolver à vida a mãe morta, outros seres amados. Também me marcou o que ela dizia sobre identidade. Como eu, ela cresceu em um país árabe, em uma família francófona. Depois, se tornou imigrante nos Estados Unidos. Viveu a vida inteira no país dos outros. Sobre essa língua árabe, ao mesmo tempo tão familiar e ferrenhamente estrangeira, ela dizia: "Eu me vi às portas dessa língua. Por mais que a fale bem na rua, seria incapaz de usá-la para escrever um poema. Eu dei a ela um lugar de mito, ou um tipo de paraíso perdido, se preferir".

Na parede à minha frente, reparo em uma fileira de painéis de cores escuras. Leio que esses "fotogramas" foram realizados ao se expor papel fotossensível à luz da lua. Chego mais perto, observo com lentidão e tudo o que vejo são grandes painéis escuros. Mais adiante, um bloco de mármore contém também um fragmento da lua, já que foi exposto à luz do astro em uma noite de agosto de 2019. No chão, há um balão branco. Um balão simples e banal como os que encho para as festas de aniversário dos meus filhos e que depois gosto de estourar com um alfinete. O balão contém o sopro de dois artistas e deve sem dúvida ser compreendido como uma metáfora do amor e do tempo que passa. Mas eu só vejo um bloco de pedra e um balão de látex. Não percebo nada além da trivialidade do objeto e fico com um pouco de raiva de mim mesma. Eu sou burra, não resta dúvida. Ou talvez seja o bife à milanesa pesando no meu estômago o que me impeça de fazer o menor esforço de reflexão. Em uma das salas, o chão está recoberto por um pó purpurinado. Se eu me abaixasse e soprasse, alguém notaria? Eu me imagino visitando essa sala com meu filho, que certamente teria vontade de deixar a marca do sapato na areia iridescente.

Eu não acusaria esses artistas de falso processo, impostura ou fraude. Não posso pretender emitir um julgamento que demonstre um interesse real. Além disso, não seria a primeira a ir por esse caminho. Existe algo mais banal do que atacar as obras ditas conceituais? Talvez seja idiota, talvez tenha a ver com o fato de eu ser escritora e de que todo livro é sinônimo de um combate, de um tempo demorado, de uma superação de si, mas a simplicidade de certas obras me desconcerta.

Marcel Duchamp dizia que é o observador quem faz a obra de arte. Seguindo esse raciocínio, não é a obra que não é boa ou interessante, é o observador que não sabe observar. "Por espectador, não entendo apenas o contemporâneo, mas toda a posteridade e todos os observadores de obras de arte que, pelo seu voto, decidiram que alguma coisa deva permanecer ou sobreviver porque ela tem uma profundidade que o artista produziu sem saber. O artista gosta de acreditar que é totalmente consciente do que faz, de por que o faz, de como o faz e do valor intrínseco de sua obra. Eu não acredito nem um pouco nisso. Acredito sinceramente que o quadro é obra tanto do observador quanto do artista", diz, citado por Yves Michaud em *L'Art à l'état gazeux* [A arte em estado gasoso]. Não é, portanto, o objeto que conta, mas a experiência que dele resulta. É pela magia do olhar, pela interatividade, que um objeto se torna uma obra de arte. Que seja. Mas é justamente porque a arte pode estar em qualquer lugar, em um urinol ou em uma espátula de bolo, que os artistas contemporâneos e o mundo que os cerca são tão ciosos de seu trabalho. Essa insularidade os protege do risco evidente de diluição, até do ridículo. Quanto menos a obra em si é produto de uma técnica ou de um trabalho complexo, mais necessária se torna a criação desse círculo de "conhecedores" que a validem: sim, é arte mesmo. E, se um dia eu me visse admitida a esse círculo confidencial, se fosse iniciada, eu terminaria também por dizer: "Não, não é um simples balão, imbecil. É arte!".

Eu me sento em um banco de pedra, ao lado da entrada do museu. Observo essas salas imensas e frias e a tristeza me invade. É como se estivesse em uma festa em que não tivesse nada para fazer, onde ninguém me conhecesse. Por um instante, eu me sinto tão abatida que considero subir correndo as escadas e me deitar na minha cama de armar. Eu me esconderia no meu saco de dormir, não veria as horas da madrugada passando, e minha angústia se dissolveria no sono.

Mas eu me levanto e atravesso uma sala de cujo centro pende uma grande cortina de contas de plástico vermelhas. Como um derramamento de sangue do teto ao chão. Uma chuva de lágrimas, uma hemorragia, um pôr do sol. Atravesso e volto a atravessar. Quando agitadas, as contas soam como sinetas. Havia uma cortina assim na mercearia onde eu e minha irmã mais nova comprávamos caramelos recheados de chocolate. Estendo o braço e me enrolo nos longos filamentos vermelhos que acariciam meu rosto e se misturam aos meus cabelos. Bastaria que eu puxasse um pouco um dos fios para que ele se rompesse nas minhas mãos. Eu então escutaria as contas rolando pelo piso como acontece quando um colar arrebenta e as pérolas se espalham no chão. Quanto tempo o guarda demoraria para aparecer correndo? Com certeza ficaria perplexo ao se deparar no meio da noite com uma escritora em flagrante delito de vandalismo.

A cortina é uma obra de Felix González-Torres, falecido em 1996 em decorrência da aids. Recuo um pouco e observo a grande sala através do fulgor vermelho. Vejo o líquido quente se espalhando e a doença adentrando minha vida, sem que eu possa fazer nada. Desde sempre, tenho obsessão pelo corpo, que eu carrego como um fardo. Este corpo que me impede, que me torna vulnerável; este corpo que eu sinto como se conspirasse em segredo contra mim. Pode ser que meu sangue também esteja contaminado. Sem que eu saiba, no entanto, dentro de mim é preparado sem dúvida um desastre contra o qual eu nada posso. Penso: meu corpo vai me matar e rio sozinha nesta sala tão vazia que escuto meu próprio eco. É estranho, mas o rosto de Adèle, a heroína do meu primeiro romance, me vem à mente. Adèle, que ama ser maltratada, que seu corpo seja levado ao limite, que lhe batam para assim sentir, enfim, alguma coisa. Ela aprende o mundo através de uma cortina de sangue, mas ninguém a vê como ela. Muito jovem, eu apreendi aquilo que Kundera chama de "a monotonia da vida corporal". A tristeza das nossas funções orgânicas, a feiura da carne nua, a impotência à qual a doença nos reduz, tudo isso me persegue e ocupa um lugar central no meu trabalho.

Não tenho medo da morte. A morte é apenas a solidão concretizada; inteira, absoluta. É o fim dos conflitos e dos mal-entendidos. É a volta, também, à verdade das coisas, à miséria. O que eu temo é a resistência do corpo. A degradação. A dor que corrói a carne. Velho e doente, com a mente torturada pelas brigas infinitas com sua mulher, Tolstói abandonou sua famosa casa de Iasnaia Poliana, à qual sua obra inteira é associada. Partiu rumo a um destino desconhecido e morreu no quarto do chefe de estação de Astapovo. Seu corpo foi enviado à família em uma caixa de madeira na qual estavam inscritas as simples palavras: "Conteúdo: cadáver".

Na parede desta sala há uma obra de Roni Horn, barras de metal sobre as quais se leem poemas de Emily Dickinson, conhecida como a "rainha reclusa" porque viveu por anos em um imenso isolamento, recusando-se a frequentar o mundo e a publicar suas obras.

Eu, que sonhava com o recolhimento. Viver só em uns poucos metros quadrados, nos livros, nas palavras, no cheiro dos meus sonhos. Impor meu ritmo. Ser definitivamente livre.

They shut me up in Prose
As when a little Girl

They put me in the Closet
*Because they liked me still**

"Eles me trancaram para que eu fique quieta", escreve Emily Dickinson.
É assim que gostam de mim: calma, tranquila, previsível.

Roni Horn era amiga de Felix González e um dos objetivos da exposição é representar esse tipo de amizade artística. Juntos, eles iam a museus, passeavam por tardes inteiras. No "cubo", sala monumental imaginada por Tadao Ando, estão expostos grandes blocos de vidro, uma obra de Roni Horn intitulada *Well and Truly*. Esses blocos parecem grandes balas de hortelã, icebergs modelados por uma mão humana. Água viva petrificada por um mago. Agora é noite. Os cubos estão iluminados apenas por uma luz artificial que lhes empresta uma aura irreal. Conforme me debruço ou fico ereta, o brilho da superfície polida assume tons violeta ou azulados. Se eu os tocasse, poderiam se liquefazer novamente, minha mão afundaria neles, formando uma poça no solo onde eu pudesse me banhar. Eles dão corpo, de maneira perturbadora, melancólica, a essa fantasia de se apropriar do inapreensível. De vi-

---
* "Trancaram-me na Prosa/ Como quando, uma Garota,/ Me castigavam no Quarto/ Por me quererem sossegada." Tradução de Margarida Vale de Gato. [*N.T.*]

rar ilusionista. A água, a neve, o vento não ficam na palma da mão. Por mais que queiramos agarrá-los, eles resistem à nossa vontade de aprisionamento. Lembra bastante a experiência de todo escritor ao começar um romance. À medida que ele avança, um mundo é criado, mas o essencial permanece inacessível como se, ao escrever, renunciássemos ao mesmo tempo, a cada vez, àquilo que gostaríamos de escrever. A escrita é a experiência de um fracasso contínuo, de uma frustração insuperável, de uma impossibilidade. E, no entanto, continuamos. E escrevemos. "Ter coragem, sabendo de antemão que seremos derrotados, e mesmo assim lutar: isso é a literatura", dizia o escritor chileno Roberto Bolaño. Com frequência me pergunto o que pode a literatura. É como perguntar a um médico o que pode a medicina. Quanto mais avançamos, mais percebemos nossa impotência. Essa impotência nos consome, nos devora. Escrevemos às cegas, sem compreender e sem que nada seja explicável.

No meio do museu, há grandes monólitos pretos, iluminados por dentro. Pelos vidros desses terrários gigantes, é possível ver ramos e folhas de dama-da-noite, chamada também de *mesk el arabi*. Caminho por entre esses terrários como por uma floresta de vidro na qual a natureza é mantida prisioneira. Conheço bem essa planta. No Marrocos, é uma flor conhecida, cantada pelos poetas e por todos os apaixonados. Ela tem a particularidade de exalar o cheiro mais forte do reino vegetal e, como a datura, outra planta que me fascinava na infância, suas flores só se abrem à noite. A natureza tem artimanhas curiosas, reflito. As flores só aparecem quando surge a escuridão, como se a planta quisesse preservar sua beleza, mantê-la secreta e não a expor aos olhares, do mesmo modo que eu sonho em me manter longe do mundo. Seu perfume se reserva às horas noturnas. Seria uma maneira de dialogar com os insetos da noite? Ou porque no escuro os perfumes revelam por completo sua potência, sua profundidade? Hicham Berrada, que concebeu essa instalação, decidiu inverter o ciclo da planta. Durante o dia, o terrário fica opaco, o jasmim mergulhado na escuridão, mas seu aroma perfuma o museu. À noite, ao contrário, a iluminação de sódio reproduz as condições de um dia ensolarado de verão. Tudo se inverte, fica de ponta-cabeça, o artista novamente se faz demiurgo, aprendiz de feiticeiro, ilusionista. Penso no que Tchékhov disse sobre os grandes escritores: São aqueles que fazem a neve surgir em pleno verão, descrevendo tão bem os flocos que somos capazes de sentir o frio e tremer.

Em Rabat, havia uma dama-da-noite perto da porta da minha casa. No verão, quando a noite caía, deixávamos a janela aberta para termos correntes de ar e meu pai dizia: "Vocês estão sentindo? É a dama-da-noite!". Ano após ano, ele continuava a se maravilhar com ela. Basta eu fechar os olhos para me lembrar daquele perfume inebriante e doce. Sinto as lágrimas brotarem. Aí estão meus fantasmas. Aí está o cheiro do país da minha infância, desaparecido, devorado.

Eu me chamo noite. Esse é o significado do meu nome, Leïla, em árabe. Mas duvido que isso baste para explicar a atração que, desde cedo, sinto pela vida noturna. De dia, cada um se comportava conforme o esperado. Queríamos manter as aparências, nos apresentarmos sob as luzes da virtude, do conformismo, do decoro. Aos meus olhos de criança, as horas do dia eram dedicadas a atividades triviais e repetitivas. Era o território do tédio e das obrigações. Então, a noite chegava. Éramos mandados para a cama e eu suspeitava de que, durante nosso sono, outros atores entravam em cena. As pessoas se expressavam de outra maneira, as mulheres ficavam bonitas, tinham arrumado o cabelo, exibiam a pele brilhante e perfumada. Pareciam ao mesmo tempo frágeis, quando bebiam além da conta, quando riam, mas também irradiavam uma força invencível. Essa metamorfose me maravilhava. E quando tive idade suficiente para sair, mesmo um pouco antes, uma espécie de raiva tomou conta de mim. Uma urgência, uma fome que me impelia a virar a noite também. Eu não queria ser uma mocinha bem-comportada.

A dama-da-noite tem o cheiro das minhas mentiras, dos meus amores adolescentes, dos cigarros fumados escondido e das festas proibidas. É o perfume da liberdade. A flor estava lá, bem em frente à porta de ferro que eu empurrava, o mais silenciosamente possível, para ir encontrar meus amigos. Eu saía de casa à noite e voltava quando amanhecia, acolhida pelo mesmo perfume. Potente no escuro, fugidio quando a aurora despontava. Na adolescência, eu descobri os bares, os cabarés, as boates, as festas em barracas na praia, as ruas escuras e vazias da minha capital letárgica. Em determinado momento da noite, as moças boazinhas voltavam para casa e as outras entravam em cena. Naquela época, as prostitutas me fascinavam, confundiam, inquietavam. Em um cabaré perto de Mohammedia, homens gordos e libidinosos se sentavam diante do palco sobre o qual mulheres de coxas flácidas dançavam. Os homens as puxavam para o colo, ofereciam doses de uísque barato e as beijavam no pescoço. Eu me lembro de uma mulher que se despiu na minha frente no banheiro de um bar em Tânger e que ria da malícia e da estupidez dos clientes.

Minha liberdade me extasiava e, ao mesmo tempo, eu tinha medo. Dizia a mim mesma que seria castigada por não saber ficar no meu lugar. Que, se me acontecesse alguma coisa, seria por eu ter procurado. De noite, quando os garotos se divertiam em corridas de carro na contramão, na estrada entre Rabat e Casablanca, eu pensava: "Você não pode morrer porque isso mataria a sua mãe". Mas, assim como Blanche em *Um bonde chamado desejo*, muitas vezes pude depender da bondade de estranhos. Uma noite, quando esperava amigos em um bar de Casablanca, eu era a única mulher no lugar. O barman me disse que eu devia sempre sentar ao balcão, o mais perto possível do atendente. "O segredo", confidenciou ele, "é sempre ter seu próprio isqueiro. Se pedir fogo a um homem, ele vai achar que você quer puxar conversa e vai se sentir no direito de dar em cima de você. E aí não vai mais conseguir se livrar dele. Então, se você fuma, tenha sempre um isqueiro."

Esse mundo desapareceu. E não quero conspurcá-lo. Talvez se torne um romance, porque só a literatura poderia fazer ressurgir essas vidas que foram engolidas. Faz vinte anos que deixei meu país e vivo uma espécie de melancolia, um sentimento de ter me distanciado para sempre das sensações da minha infância.

"Não tenho vergonha de ser como sou, não posso ser diferente daquela que sempre fui, até os dezoito anos conheci apenas o apartamento bem-arrumado da burguesia provinciana bem-arrumada, e o estudo, o estudo, a vida real se desenrolava além das sete muralhas"*, diz Helena, heroína de *A brincadeira*, de Milan Kundera.

Fui criada como um animal doméstico. Nunca pratiquei um esporte. Não sei andar de bicicleta e não tenho carteira de motorista. Quando criança, passava a maior parte do tempo dentro de casa. Estudava. A cidade de Rabat não oferecia muitas opções de lazer, e minhas irmãs e eu nos distraíamos lendo ou assistindo a filmes. Não só a noite era um território proibido, mas o lado de fora. Meninas não tinham nada que estar na rua, nas praças, nos cafés, cujas varandas, eu me lembro, eram ocupadas apenas por homens. Se uma jovem se deslocava, era para ir de um ponto específico a outro. Senão, era considerada vagabunda, libertina, perdida

---

* Tradução de Teresa Bulhões Carvalho da Fonseca e Anna Lucia Moojen de Andrada, Companhia das Letras, 2012. [*N.T.*]

na vida. Os perigos eram muitos: ficar grávida, se apaixonar, ver o desempenho escolar cair por excesso de sentimentalismo. Uma série de quedas me era descrita, uma mais vertiginosa que a outra. As jovens eram Eva para todo o sempre.

Na adolescência, surgiram sonhos de fuga, desejos de errância, de noites sem acompanhante e de ruas nas quais eu seria uma passante que olhava e era olhada pelos outros. Por me ser proibido, o movimento se tornou para mim sinônimo de liberdade. A emancipação era fugir, sair daquela prisão chamada de casa. Não se fala em "unidade" familiar? Eu não queria me tornar uma mulher desse sistema doméstico aprisionador. No último ano da escola, nosso professor de filosofia, que adorava fumar na sala e dar aula no jardim, tinha nos explicado que existir era ao mesmo tempo sair de si e de casa. A individualidade, a liberdade, não podiam existir sem desgarramento. Era preciso fugir de todas as caixas que nos confinam dando a ilusão do conforto. Era preciso desconfiar do "aburguesamento do coração"; preferir ser nômade, errante, viajante compulsivo. Eu, que me contentava de ir da escola para casa, de casa para a fazenda dos meus avós, sonhava, com um misto de medo e animação, com um lugar que fosse meu. Eu queria conquistar o lado de fora.

Neste momento, sozinha e descalça no museu, eu me pergunto por que quis tanto ser enclausurada aqui.

Como a feminista, a militante, a escritora que eu aspiro ser pode fantasiar com quatro paredes e uma porta bem fechada? Eu deveria querer arrebentar as correntes, soprar as muralhas e fazê-las balançar e ruir. Escrever não pode consistir somente em se recolher, se comprazer com o calor de um apartamento, construir paredes para se proteger do lado de fora e não olhar no fundo dos olhos das pessoas. É também alimentar o sonho de expansão, de conquista, de conhecimento do mundo, do Outro, do desconhecido. O que se pode cultivar detrás dos muros de uma fortaleza, além da indiferença? Ter paz é uma fantasia egoísta.

"Quando Alá criou a terra, dizia meu pai, ele tinha bons motivos para separar os homens das mulheres [...]. A ordem e a harmonia só existem se cada grupo respeitar os *hudud**. Toda transgressão leva inevitavelmente à anarquia e ao infortúnio. Mas as mulheres só pensavam em transgredir os limites. Elas tinham obsessão pelo mundo que existia além do portão. Fantasiavam o dia todo, pavoneavam-se por ruas imaginárias." Assim começa *Rêves de femmes* [Sonhos de mulheres], livro que a socióloga marroquina Fatima Mernissi dedicou à sua infância em um harém na medina de Fez. Nele, ela narra a clausura das mulheres sob a vigilância de um guarda que levava um molho de chaves na cintu-

---

* "*Hudud*" significa limite, restrição. É o nome dado, no islã, aos preceitos obrigatórios, fixados por Alá, que não devem ser desobedecidos. Dizem respeito, por exemplo, ao adultério e ao consumo de entorpecentes. [*N.T.*]

ra e todas as noites fechava a porta pesada de madeira. Na época, explicava-se às jovens que o mundo era atravessado por fronteiras invisíveis, os "*hudud*", e que todas aquelas que as cruzassem carregariam a culpa de desonrar o clã.

Eu não cresci em um harém e nunca me impediram de viver minha vida. Mas sou um produto desse mundo, e minhas bisavós acreditavam na necessidade dessas fronteiras. Elas sem dúvida sonharam, no espaço confinado que lhes era reservado, com uma vida mais vasta, mais ampla. Minha avó da Alsácia, que era um pouco como uma anomalia na sociedade marroquina, impressionava pelo desejo de aventura, pela coragem, pela tenacidade. Eu nunca passei pelo que passaram minhas ancestrais, mas, ainda assim, pairava sobre minha infância essa ideia de que as mulheres eram seres imóveis, sedentários, que estavam mais seguras dentro de casa do que do lado de fora. Elas valiam menos que os homens. Tinham heranças menores que as deles, eram sempre a filha ou a mulher de alguém. Meu pai costumava ser alvo de pena por só ter tido filhas. Minha tia, com mais de sessenta anos, não ousava fumar na frente do irmão. Porque, todo mundo sabe, uma mulher que fuma não tem virtude. Meus pais queriam que fôssemos mulheres livres, independentes, capazes de expressar escolhas e opiniões. Mas nem eles nem nós podíamos ser indiferentes ao contexto no qual crescíamos e a essas "leis invisíveis" que regiam o espaço público. Então, éramos incitadas à prudência, à discrição, quando deixávamos a proteção das benevolentes paredes de nossa casa.

Em *L'Homme pressé* [O homem apressado], de Paul Morand, o narrador fala consigo mesmo: "Pierre, reflita bem antes de dormir e antes de acordar como proprietário. Pierre, você vai se aprisionar. Está criando raízes. Está se imobilizando. Saiba que há caracóis que morrem esmagados pelas próprias conchas". Por ser mulher, sempre tive medo de que a concha me esmagasse. Medo de criar raízes. Não queria ser Penélope, que espera seu amor viajante. A existência, para mim, se resume a uma empreitada de destruição da nossa selvageria, um adestramento, uma alteração dos instintos. Isso talvez explique minha obsessão literária pelas agruras da vida doméstica. Em todos os meus romances, em algum momento as mães alimentam, de maneira fugaz ou envergonhada, o desejo de abandonar os filhos. Todas têm saudade da mulher que foram antes de se tornarem mães de alguém. Elas sofrem por ter que criar um ninho, um lugar confortável e seguro para os filhos, uma casa de bonecas da qual seriam prisioneiras sorridentes. É preciso estar "presente" para eles, nos dizem. É preciso "ficar no seu lugar".

Virginia Woolf foi, sem dúvida, quem melhor compreendeu a que ponto a condição das mulheres as fazia viver uma tensão constante entre o dentro e o fora. Ao mesmo tempo, lhes são negados o conforto e a intimidade de um teto todo delas e a vastidão do mundo exterior, onde poderiam ter contato com os outros e viver aventuras. A questão da mulher é uma questão espacial. Não é possível compreender a dominação à qual as mulheres estão sujeitas sem estudar a geografia, sem levar em conta as restrições impostas a seu corpo pelas roupas, pelos lugares, pelo olhar alheio. Ao reler os diários de Virginia Woolf, descobri que ela havia imaginado uma continuação para *Um teto todo seu*. O título provisório era *The Open Door*, a porta aberta.

Eu me sento na minha cama de armar laranja e observo a série de fotografias à minha frente: *Changing New York*. Quem a assina é Berenice Abbott, fotógrafa norte-americana nascida em 1898 em Ohio, que foi assistente de Man Ray. Nos anos 1920, morou em Paris e conheceu o trabalho de Eugène Atget, cujos arquivos ela adquiriu após sua morte. O fotógrafo havia passado anos registrando os *arrondissements* de Paris com a ambição louca de constituir uma documentação exaustiva da capital em plena transformação. Em 1929, Berenice Abbott volta a Nova York. A cidade que ela encontra já não se parece com a que deixou. Em alguns anos, os edifícios do século XIX haviam sido destruídos para abrir caminho para um reino de vidro e aço. Talvez ela tenha sentido o que eu sinto quando volto para casa. A estranha sensação de que o mundo mais íntimo, mais familiar, continuou a existir na minha ausência e se transformou. É ao mesmo tempo causa de encantamento e de uma desagradável sensação de traição.

A artista adota uma resolução profundamente paradoxal: fotografar a mudança, captar a transformação, registrar os lugares em vias de serem devorados. Como Atget, ela quer fixar em imagem um processo de mutação. O que ela fotografa é, de forma quase concomitante, um mundo que morre e outro que surge, por sobreposição. Nas imagens diante de mim, os edifícios cinza-pálido são como palimpsestos. Carregam em sua carne de concreto testemunhos do passado. Eu me aproximo. Onde ele se aninha? Como iluminar a memória contida em cada objeto, mesmo o mais banal, o mais insignificante? Todos os artistas aqui reunidos parecem obcecados por essa busca. Encontrar, no mundo que os cerca, o rastro dos fantasmas e provar, assim, que nada morre de fato. Que o mundo inteiro é crivado de cicatrizes. Todos têm a insana ambição de capturar o que se move.

Por trás da trivialidade dos objetos, sempre procuro o que eles guardam de ritualístico e de lembranças. Adoro objetos banais, *kitsch*, essas coisinhas meio feias que guardamos porque nos lembram de algo. Adoro talismãs, amuletos. Amo visitar apartamentos de escritores ou de outras pessoas que admiro. Chorei ao ver o samovar de Dostoiévski, a mecha de cabelos de Púchkin ou a escrivaninha de Victor Hugo. Essas testemunhas mudas e imóveis me comovem e me deixam sentimental. Faz vinte anos que deixei meu país. Às vezes me pergunto o que acho desse exílio, mas rejeito essa palavra. Não sou exilada. Ninguém me forçou, não fui pressionada pelas circunstâncias. Encontrei em Paris o que eu tinha ido procurar lá: a liberdade de viver como eu bem entendia, de me sentar por horas na varanda de um bistrô para beber vinho, ler e fumar. Sou imigrante, meteco no sentido etimológico do termo, uma vez que deixei minha cidade por outra. Sempre que volto a Rabat, é inevitável constatar as transformações de minha cidade. Alguns dos lugares que eu frequentava quando era pequena desapareceram, se transformaram. Em terrenos baldios, edifícios e casas burguesas foram erguidos. Às margens do rio Bouregreg, os pântanos que atraíam mosquitos e pássaros foram urbanizados, e o sorveteiro vendeu sua loja para uma empresa de telefonia. O restaurante italiano onde às vezes jantava com meus pais continua lá, em uma rua escura do centro. O cardápio não mudou, e o garçom, já bem idoso, não escuta mais muito bem.

Eu só guardei poucas coisas dessa época. Foram outras pessoas que esvaziaram o quarto em que passei minha infância, não eu. Não fiquei com nada; nem meus cadernos, nem meus brinquedos, foto alguma, roupa alguma. Na ocasião, senti como se tivessem profanado meu passado, como se tivessem me espoliado. E depois, com o passar dos anos, senti um imenso alívio. Nos últimos meses, me dei conta de que tinha perdido cartas, uma caneta do meu pai, um anel velho. Perdi o acesso à caixa de e-mail que eu usava e dez anos de correspondência evaporaram. Tinha gravado em um pen drive algumas fotos da minha adolescência. Mas esse pen drive simplesmente desapareceu. Esvaziei todas as gavetas da minha escrivaninha, tive um ataque de raiva, até rezei, como me aconselhava minha avó, para santo Antônio de Pádua. Mas nada reapareceu. Quando minha irritação diminuiu, parecia que um peso havia sido tirado de mim, que o deus que havia me furtado aqueles objetos preciosos tinha, na verdade, me feito um favor.

Entro na sala contígua, onde estão expostos grandes painéis. *Api e petrolio fanno luce* [Abelhas e petróleo produzem luz] foi criada com cera de círios acendidos por fiéis em igrejas de Roma. O artista, Alessandro Piangiamore, derreteu a cera e depois a coloriu e trabalhou. A obra evoca um céu tempestuoso de verão, o desfilar agitado das nuvens, a tormenta prestes a rugir. É uma mistura de brancos e azuis, com relevos mais escuros, cavidades repletas de luz. De longe, parece uma pintura, mas, quando nos aproximamos, percebemos o material granuloso e maleável das velas derretidas. Se apurar o ouvido, será que consigo ouvir o murmúrio das orações? "Faça com que ele se cure", "Faça com que ele me ame de novo", "Senhor, proteja meus filhos." Quantos segredos, quantas lembranças estão contidas nesse quadro ex-voto? Sua beleza me acalma. Queria arranhar o painel com as unhas, sentir a cera como quando, ainda criança, enfiava os dedos em uma vela acesa para imprimir minhas digitais.

Queria acreditar, rezar. Mas não sei como se faz isso. Penso no que escreveu Roland Barthes em *Diário de luto*: "Vi andorinhas voando na noite de verão. Digo a mim mesmo [...] que barbárie não acreditar nas almas — na imortalidade das almas! [...] Que verdade imbecil é o materialismo!".*

Em uma vitrine, o *leporello* desenhado por Etel se intitula *Dhikr*, que pode ser traduzido como "encantamento". Originalmente, os *leporelli* são pequenos livros sanfonados, nos quais os artistas japoneses desenhavam com nanquim. Aqui, Etel Adnan escreve, em diferentes cores, a mesma palavra: Alá. Ela escreve, de novo e de novo, a cada vez que uma bomba cai sobre Beirute. Como uma criança orando sob os bombardeios, como um fiel que se agarra à sua fé quando o sentido lhe escapa, quando a violência devora tudo. Em torno da palavra sagrada, ela desenha meias-luas e estrelas, constelações de todas as cores, para abrir um campo infinito para os homens arrasados pela guerra. Oferecer a eles um respiro.

Eu me sento no chão gelado e fecho os olhos. Voltam à memória os chamados à oração, no meio da noite, na minha casa em Rabat. A voz do muezim me deixava semidesperta, parecia próxima, e eu sabia que, em casa, os outros moradores também deviam ter acordado.

---

* Tradução de Leyla Perrone-Moisés, WMF Martins Fontes, 2011. [*N. T.*]

Eu imaginava os fiéis saindo de suas casas, o rosto sonolento, andando pelas ruas escuras para entrar na mesquita, o tapete de oração sob o braço.

Distantes, abafadas, chegam a mim as notas de *Patética*, de Tchaikovsky. Por trás de uma floresta de colunas de tijolo, há uma tela. Uma mulher caminha. Ela atravessa as ruas da Sarajevo sitiada para se juntar à orquestra sinfônica na qual toca. Escutamos o som de seus saltos no pavimento e sua respiração, carregada de angústia e de impaciência. Sua respiração como um metrônomo naquela cidade em guerra, aquela cidade que sufoca, cujos habitantes estão aterrorizados. Ela retesa o torso. Para, impedida pelo perigo próximo. Ela atravessa, correndo, avenidas vazias banhadas pelo sol. Cruza com passantes, alertas, inquietos. Eles vestem preto e cinza. Na época, não se aconselhava usar vermelho ou qualquer cor viva, que pudesse tornar as pessoas alvo dos atiradores de elite. Eis o que foi o cerco para o artista Anri Sala: *1395 Days Without Red* [1.395 dias sem vermelho]. No vídeo, ele ressuscita aqueles dias de angústia e homenageia a orquestra de Sarajevo, que, durante o sítio, continuou a tocar, fazendo de sua arte uma ferramenta de resistência, um grito de humanidade. O que resta, em Sarajevo, dessa asfixia? Talvez seja essa a missão do artista? Exumar, arrancar do esquecimento, estabelecer esse diálogo diabólico entre passado e presente. Recusar o sepultamento.

Em uma entrevista com Hans-Ulrich Obrist, Etel Adnan diz: "É muito importante se lembrar ativamente, mais do que pelo passado onde a memória se preservava a si mesma. Morávamos em uma cidade onde dispúnhamos de bibliotecas, museus, amigos. Já havia uma memória inscrita em suas pedras e nas pessoas que a conheciam. Hoje encaramos constantemente o vazio. Cidades inteiras foram destruídas. Antes da guerra, não precisávamos pensar em Beirute, porque Beirute estava lá. Mas a Beirute dos anos 1960 desapareceu. Se não for preservada pela memória, essa cidade vai desaparecer do mapa. Isso se aplica a mais lugares. Inclusive à França, onde as coisas mudaram tanto que não sabemos nem mesmo ler as que resistiram. Já não vemos as catedrais como aqueles que as construíram. Isso exige um esforço cultural considerável de visão — não é porque um edifício se ergue diante de nós que o vemos".

Ontem, a Notre-Dame pegou fogo. Quando aterrissei em Veneza esta manhã, o homem que dirigia o barco-táxi me pediu notícias da catedral, como alguém que se preocupa com a saúde de um antepassado querido. O que nos diz Etel Adnan é que as cidades morrem como morrem os homens, os animais e as plantas. As cidades, os edifícios desaparecem levando consigo as emoções daqueles que os amaram, percorreram, conheceram. Em uma carta enviada a Franco Farolfi em 1941, Pier Paolo Pasolini conta uma noite que passou em Paderno com seu amigo Paria. Uma noite de risadas em meio à natureza, "pomares e bosques de cerejeiras carregadas de ginjas". Uma noite na qual "uma quantidade imensa de vaga-lumes formavam pequenas moitas de fogo". Trinta anos depois, em outra carta, ele explica que a poluição fez os vaga-lumes desaparecerem. "O fenômeno foi instantâneo e fulminante." Aos olhos de Pasolini, a sociedade de consumo, o capitalismo selvagem, a destruição da natureza pelo lucro mataram os vaga-lumes e, com eles, a lembrança daquelas noites de comunhão com a natureza. A beleza morreu, parece dizer, sacrificada no altar do dinheiro. A sociedade de consumo leva ao desaparecimento de culturas populares e à ruína da paisagem. "E assim, tudo aquilo que por séculos pareceu perene, e foi, de fato, de repente começa a ruir. Veneza agoniza." E mais adiante: "Quando uma criança não se sente amada, decide inconscientemente morrer, e é o que acontece. Pedras, madeiras, cores, é o que estão fazendo as coisas do passado". Digo a mim mesma que a Notre-Dame talvez tenha se suicidado. Exausta, exaurida diante de todos que a querem consumir, ateou fogo em si mesma. A Notre-Dame morreu por ser vista demais, por ter se tornado apenas um objeto turístico a ser consumido.

Veneza também está morrendo. Contemplá-la é contemplar uma agonia. Pela janela, vejo as águas que logo vão engoli-la. Tento imaginar os pilotis oscilantes que a sustentam. Imagino seus palácios sepultados na água e na lama, suas recordações gloriosas esquecidas por todos, suas praças pavimentadas reduzidas a nada. Veneza carrega em si os germes de sua destruição e talvez venha dessa fragilidade seu esplendor.

Na televisão, ontem à noite, alguém disse que a emoção suscitada pelo incêndio denotava o retorno da religiosidade em nosso país. Mas me parece que denota o exato oposto. Se choramos, é porque vivemos em uma sociedade que carece cruelmente de transcendência, de desejo de se elevar, de qualquer altivez que seja. Nossas lágrimas respondem ao silêncio ensurdecedor de Deus. Eu cresci em um país onde a religião ocupa um lugar importante na existência de cada pessoa. Um país onde Deus permeia todos os espaços da vida cotidiana, em cada expressão que se utiliza. Deus tudo vê e decide nosso destino. Naquela época, eu lidava muito mal com o fato de não ter fé. Era como uma deficiência que me mantinha à parte, que me impedia de me integrar por completo com os meus. Eu sonhava em experimentar qualquer coisa, em ser capaz de me submeter ao que fosse maior que eu. Imaginava que, certa noite, talvez eu tivesse uma iluminação, como Pascal em sua grande noite. Deus apareceria para mim e me salvaria do medo. Mas minha grande noite nunca chegou, e meu desejo de transcendência só se concretizou pela literatura. Às vezes penso que, em face do desvanecer do sentimento religioso ou do desvio dele por conta de espíritos obscurantistas, a literatura pode fazer as vezes de palavra sagrada. Ela pode nos elevar. Em Beirute, passei um dia com o poeta libanês Salah Stétié. Poucas vezes encontrei alguém que acreditasse tanto no poder da poesia e da literatura. Para ele, elas eram a transcendência em um mundo em que as religiões tinham sido tiradas do rumo e nossos deuses, traídos. Se não podemos acreditar em mais nada, ainda resta a poesia, que, segundo ele, não morrerá nunca.

Por um basculante, vejo a estátua da Fortuna que domina o prédio. No alto da torre de Punta della Dogana, se erguem dois gigantes que sustentam um globo dourado sobre o qual se alça a Fortuna. Ela segura um véu, que ondula ao vento, e serve de biruta. "O islã decorre de uma cultura na qual se sabe, com pertinência, que tudo está fadado à destruição", acrescenta Etel Adnan. "[...] Os árabes vivem vidas efêmeras, talvez isso seja o que os torna mais modernos do que eles próprios talvez saibam." A cultura árabe, e, em especial, sua poesia, são impregnadas do nomadismo, da noção de viver um dia após o outro. As paisagens de areia e de vento, que são o berço da cultura muçulmana, nos lembram o tempo todo de que o homem se ilude ao pensar que pode deixar sua marca. No século XV, Ibn Khaldun escrevia: "Os árabes passam a vida toda em viagens e deslocamentos, o que se opõe e contradiz à ideia de uma vida fixa, produtora de civilização. As pedras, por exemplo, só lhes servem para apoiar suas panelas: eles as apanham dos edifícios, que devastam com esse fim. A madeira só lhes serve de mastro e estaca para suas tendas".

A cultura marroquina reserva um lugar importante ao destino, à fortuna, aos incidentes que devem ser aceitos com humildade. Ao contrário do que se possa pensar no Ocidente, isso nem sempre é sinônimo de resignação ou fatalismo. Há também uma grande dignidade, uma perspectiva altiva nessa maneira de aceitar o destino, seja ele bom ou ruim. Eu me lembro daquelas mulheres que, quando meu pai morreu, no fim do dia do enterro me disseram: "Pronto, ele morreu, nós choramos por ele e agora é preciso viver. Essa é a vontade de Deus". Ouvi repetidamente, como consolo, esta frase atribuída ao profeta Maomé: "Sê neste mundo como se fosses um estrangeiro ou estivesses de passagem, como um viajante que faz uma parada, e conta tua própria pessoa entre os que estão nos sepulcros".

Para os muçulmanos, a vida terrena é só vaidade, e as expressões populares nos lembram disso sem parar. Não somos nada e vivemos à mercê de Alá. A dignidade do fiel reside na resignação e em sua capacidade de aceitar que nada dura, que tudo vai desaparecer. Nossa presença no mundo é efêmera e não devemos nos apegar a ela.

Um incêndio não passa de um infortúnio. Uma brasa que se acende, um cigarro esquecido, um vento que sopra, a chuva que se recusa a cair. Os seres humanos têm dificuldade em aceitar a crueldade do acaso. Nós nos revoltamos, procuramos um sentido, um sinal, uma explicação. Imaginamos às vezes que se trata de um complô, ou então que Deus está nos dando um aviso. Como escreve Kundera, "o homem moderno trapaceia". Ele não quer encarar a morte e finge acreditar que as coisas durarão, que existe uma chance para a eternidade. Nossas sociedades, que veneram o "princípio de precaução", o "risco zero", detestam o acaso, porque ele destrói nossos sonhos de controle. A literatura, ao contrário, cultiva as cicatrizes, os rastros do acidente, as desgraças incompreensíveis, as dores injustas.

Olho meu relógio. Mal deu meia-noite. O museu está tão silencioso quanto um cemitério. Poderia ir me deitar e, em algumas horas, abriria os olhos, estaria acabado. Eu reencontraria as ruas ensolaradas e me esqueceria dessa sórdida fantasia de clausura. Imagino a varanda na qual me sentaria, o café bem forte que tomaria e depois o cigarro.

O cigarro.

Não deveria nunca ter pensado nisso.

Inspiro profundamente com a esperança de que um resto de nicotina persista em algum lugar dos meus pulmões. Quem vai saber se eu fumar dois maços de cigarro? Será que o guarda virá me impedir? Será que vão me aplicar uma multa? Que serei posta para fora no meio da noite? Eu poderia muito bem dizer que fiz de propósito. Que era parte da performance. Eu que, como certa vez apontou uma jornalista, não sou "muito rock 'n' roll", poderia alegar subversão, niilismo, vício intolerável.

Subo para pegar minha bolsa e desço correndo. Entro no café e fecho a porta do banheiro. Nas mãos, levo um cigarro e uma escova de dentes. Isso me faz rir e eu me recordo daqueles velhos desenhos animados em que o personagem, confrontado a uma decisão, tem um diabo em um ombro e um anjo no outro. Duas tragadas e ninguém vai saber. Basta eu me ajoelhar, a cabeça inclinada para o vaso sanitário, acender o cigarro, aspirar com avidez e jogar fora quase de imediato. Faço isso. E se o guarda acordasse? O cheiro da fumaça invade o banheiro. Seria melhor subir o mais rápido possível, me deitar na cama. Fingir que estou dormindo inocentemente.

Faz horas que estou aqui, horas que falo comigo mesma, e começo a ficar meio sem rumo. A não saber de nada. Tenho a impressão de andar pelos corredores de uma casa mal-assombrada. Perdi minhas referências e a noção do tempo. Escuto vozes. Uma voz feminina, suave e clara. Daqui não entendo o que ela diz. Está falando uma língua estrangeira. Abro uma cortina e entro em uma sala mergulhada em escuridão. Diante de mim, uma tela e a voz que reconheço. Marilyn Monroe, seu timbre tão particular, ao mesmo tempo infantil e cheio de uma sabedoria anciã. Essa voz que reproduziu as entonações de idiotas lindas e que, no entanto, carregava todo o peso da melancolia. Nós a ouvimos, mas não vemos seu rosto, nem seu corpo, que foi sua glória e seu fardo.

Meus pais eram apaixonados por cinema. Muito cedo, eles nos apresentaram os filmes da idade de ouro de Hollywood e nos legaram seu amor por essa arte. Uma parte da minha adolescência se desenrolou assim, em um sofá entre minhas duas irmãs, vendo filmes americanos.

Eles adoravam Lauren Bacall, Cyd Charisse, Katharine Hepburn. Não sei o que achavam de Marilyn Monroe. Sem dúvida, não teriam gostado de ver as filhas dançando ao som de "Diamonds Are a Girl's Best Friend". Nas comédias em que aparece, Marilyn é o exato oposto do que meus pais desejariam que fôssemos. Uma falsa tola, uma beleza ingênua e corruptível cujo único talento é rebolar e se aproveitar dos homens. Em *Como agarrar um milionário*, ela se recusa a usar óculos para não prejudicar sua beleza e tromba com as portas e paredes. Ela era patética e eu a achava extraordinária.

Minhas irmãs e eu éramos fascinadas por esses filmes. Nunca havíamos visto, em carne e osso, mulheres como ela, tão belas, tão despidas, tão loiras. Marilyn e outras atrizes habitavam um mundo distante, desconhecido e que, ainda assim, de filme em filme, se tornou familiar para nós. Um mundo em que mulheres usavam chapéus e luvas de seda e bebiam coquetéis, sentadas sozinhas ao balcão. Um mundo em que as mulheres viajavam em cruzeiros carregadas de baús e em que seus vestidos voavam no meio da rua. Em que se beijava o homem dos seus sonhos no banco de trás de um táxi. Eu tinha doze anos, monocelha e cabelos crespos. Aquele mundo me parecia inacessível.

O que eu pensei na primeira vez que a escutei cantar que os diamantes eram os melhores amigos das mulheres? Não me lembro, mas não acho que isso tenha me chocado. Ao contrário, devo ter achado engraçado, subversivo, deliciosamente embaraçoso. Eu me perguntava como me sentiria se fosse uma mulher assim. Uma mulher cuja beleza provoca verdadeiro desatino, cujas curvas dos quadris, o volume dos seios e os lábios carnudos são como um convite ao sexo. Marilyn é filmada como um objeto, sublime e provocante. Eu me dizia que devia ser terrível não poder ser invisível às vezes. Ser odiada pelas mulheres, desejada pelos homens, nunca levada a sério. Depois descobri a Marilyn de *Os desajustados*, que me lembrava as heroínas de Tennessee Williams, provincianas incompreendidas, flertando com o desespero e a loucura. No meu quarto de adolescente, eu tinha dezenas de fotografias dela. Gostava em especial dos cliques em preto e branco, feitos em Nova York, nas ruas, no metrô, em uma sacada. Ela tinha nascido para ser vista. Eu percebia uma cumplicidade quase perturbadora entre Marilyn e a câmera, como se ela tivesse sido inteiramente sugada pela sua imagem, como se a lente a vampirizasse, deixando-a vazia e desamparada. Em *Blonde*, Joyce Carol Oates fala disso. Ela diz sobretudo que não podemos reduzir Marilyn a uma fantasia masculina. Marilyn faz as mulheres sonharem, e as mulheres desde cedo foram acostumadas a olhar o mundo sob um prisma masculino. É assim que vemos Marilyn, e é um espetáculo atroz. Há nela algo de monstruoso. Ela é uma isca, uma armadilha, uma boneca de pano, uma criatura quase mitológica que produtores venais inventaram. Marilyn, que foi uma mulher talentosa por excelência, foi devorada pelos outros. Ela não era dona de si; era propriedade da multidão.

* * *

Na tela, vejo a ponta de uma caneta e palavras que se formam. Marilyn, a desmiolada, a sensual, tinha um diário. A conselho de sua psiquiatra, Margaret Hohenberg, ela tinha comprado cadernos nos quais escrevia o que pensava. Suas anotações são cheias de "eu devo", de "é preciso", de ordens que ela própria se impunha, a fim de ser uma atriz melhor, uma mulher apaziguada. Ela passou a vida procurando as palavras, tentando transcrever as emoções que brigavam dentro dela, formando um alarido incompreensível. Em *Fragmentos*,[*] descobrimos que ela escrevia em qualquer lugar, o tempo todo, em pedaços de papel, guardanapos, cadernos de receitas. Amiga de Carson McCullers e de Capote, esposa de Arthur Miller, ela lia muito. Queria aprender e tinha certa vergonha de sua escrita, de sua ortografia, de sua falta de formação. Na tela, aparece o cenário de um quarto de hotel. Estamos em Nova York, na suíte do Waldorf Astoria, onde a atriz se refugiou sob o nome de Zelda Zonk. Lá, ela decidiu se reinventar, reaprender tudo, tornar-se uma atriz de verdade. Lentamente, a câmera recua. Então notamos que nenhuma mão segura aquela caneta. À medida que o plano se abre, nos damos conta da fraude, do fingimento. É um robô quem escreve, e o quarto é tão somente

---

[*] O livro foi publicado em 2010 na França pela Éditions du Seuil. No Brasil, como *Fragmentos: Poemas, anotações íntimas e cartas de Marilyn Monroe* pela editora Tordesilhas, em 2011. [*N.T.*]

um cenário em um estúdio de cinema. A prosódia de sua voz foi reconstituída por computador. Marilyn está lá e não está. Um fantasma que faz sua aparição pela graça da tecnologia. Será que ela já foi algo além de um fantasma? Será que ela existiu de verdade?

Philippe Parreno, o artista, é também um demiurgo. Como Berrada inverte noite e dia, como Roni Horn congela o fluxo ondulante da água, ele desafia a lógica da ausência e da presença, do cenário e da realidade, do cinema e da vida autêntica. Ele traz os mortos de volta à vida. Não é o que eu tento fazer com meu romance? Quando falei dele com a escritora Claire Messud, ela me disse que um romance histórico era como "uma ficção científica do passado". O que contamos nunca aconteceu e o passado retratado não é nada mais do que uma invenção com ares de verdade. Quando escrevemos, surgem momentos quase sobrenaturais em que a ficção e o real se misturam, em que os personagens ganham existência de uma maneira que nos alegra e nos apavora. Como se nós vasculhássemos os rastros deixados pelos mortos para lhes dar vida. Li certa vez uma lenda africana que diz que os mortos continuam a viver enquanto falamos deles. Senghor escreveu: "Os mortos não estão mortos". Eles só morrem de fato no dia em que fenece a última pessoa que os conheceu.

Enquanto tivermos algo a dizer sobre os fantasmas, enquanto houver lembranças que nos atravessem, mesmo em silêncio, mesmo se escondidas no recôndito da noite escura de nossa memória, os fantasmas continuam habitando o mundo dos vivos. Ontem escutei no rádio que uma das piores condenações na Roma Antiga era a *damnatio memoriae*, com a qual o Senado punia as autoridades políticas que malograssem. Suas estátuas eram destruídas, seu nome, riscado dos registros, apagava-se até a mais mínima recordação de sua existência.

Decididamente, este lugar está cheio de fantasmas. Deixaram pistas por todo lado, como Pequenos Polegares me convidando a seguir seu rastro. Em um corredor, observo esculturas de Tatiana Trouvé. Intituladas *Les Gardiens* [Os guardiões], essas peças de bronze, mármore e ônix reproduzem a forma de poltronas sobre as quais repousam almofadas que o corpo de um homem marcou. Essa marca dá materialidade à ausência, como se os homens que se sentaram ali tivessem acabado de se levantar. Na pedra, sentimos o peso da espera, do tédio. A ilusão é tão forte que pensei que os dois homens fossem voltar.

É claro que penso nele. No meu pai. Tudo aqui me leva a ele. Esse lugar fechado no qual me tranquei. Minha solidão. Os fantasmas do passado. As lembranças do meu pai ainda são as mesmas. Contemplamos poucas paisagens juntos. Os anos que compartilhamos se passaram em um país sem estações. Invernos úmidos, verões escaldantes. Uma praia no Mediterrâneo, campos de oliveiras de uma falsa Toscana e depois a grande casa, a de sua agonia, a do longuíssimo tédio onde, eu bem sei, nós não fomos fortes o bastante para distraí-lo. Talvez tenha sido para me ajudar a recordar que ele sempre manteve o mesmo lugar à mesa ou no sofá da sala. Um instinto de patriarca ou de animal velho em uma savana onde todos hoje zombam de leões que perderam a pelagem. No sofá, ele ocupava sempre o canto direito. O braço escureceu com a fumaça de seus cachimbos, que ele sugava devagar, abrindo um pouco a boca, como um peixe no fundo de um aquário. Minha mãe escolheu o estofado daquele sofá. Não duvido que isso tenha lhe tomado muito tempo. Que ela tenha estudado lentamente as amostras de tecido, que tenha enfiado algumas delas na cara do meu pai, que deve ter exibido seu ar de suprema indiferença. Por fim, tomou sozinha a decisão de estofar o sofá com o tecido bordô, acho que estampado com flores, ou talvez com desenhos de inspiração indiana. Pouco importa. O que mais me vem à memória é que, no lugar em que meu pai descansava o braço, a estampa tinha quase se apagado. Com o atrito, o tecido tinha se desgastado, e um desconhecido que entrasse na casa pensaria, sem dúvida, que aquele era o canto do gato ou do cão. Que as almofadas tinham cedido ao peso de um animal doméstico, gordo demais, mimado demais. Que era estranho que se desse a um bicho aquele lugar confortável, central, aquele lugar de onde se podia observar toda a movimentação da casa e até uma parte do jardim.

"Eu não sinto saudade do meu país", escreveu Louise Michel. "Sinto saudade dos mortos."* Pode levar tempo para sentirmos falta dos mortos. Sua ausência marca um sofá invisível e, um dia, bem depois de sua morte, nos dizemos: "Então vivi mesmo sem eles". Muitas vezes penso que deveria agradecer ao meu pai por ter morrido. Ao morrer, ao se apagar da minha vida, ele abriu caminhos que, sem dúvida, eu jamais teria ousado seguir diante dele. É um pensamento envergonha-

---

* Membro da Comuna de Paris, Louise Michel foi condenada a dez anos de reclusão em um campo de prisioneiros na Nova Caledônia, então colônia francesa no Pacífico Sul. [*N.T.*]

do, um pensamento triste; no entanto, quanto mais os anos passam, mais tomo consciência da verdade nele. Meu pai era um obstáculo. Ou, pior ainda, meu destino dependia de que meu pai morresse.

A menininha sente falta do pai. O diálogo silencioso que travo com ele a cada dia se preenche com mais raiva, mais furor, mais impotência. Chego a pensar que sua morte foi generosa. Que ele se decidiu por mim, que ele partiu como um fogo que se apaga, lenta e dolorosamente. Que, no fim, ele não foi nada além de um clarão azul, vacilante e frágil. Uma voz, um olhar, duas mãos marrons e femininas que me impediam de viver. Ao morrer, meu pai me obrigou a vingá-lo. Ele me proibiu qualquer preguiça, qualquer fraqueza. Pôs as mãos nas minhas costas e me empurrou para o vazio, como fazem os pais que temem que seus filhos sejam covardes ou medrosos.

Eu prendi na parede do meu escritório a carta que o escritor turco Ahmet Altan enviou ao jornal *Le Monde* em setembro de 2017, alguns dias antes de seu julgamento. O jornalista tinha sido acusado de apoiar o golpe de Estado de 15 de julho de 2016. Eu me lembro da primeira vez que li aquela carta. Meu coração ficou apertado e cada linha me trazia de volta a náusea da minha adolescência, o gosto amargo no fundo da boca. Esse gosto que me é tão familiar. Ahmet Altan escreveu: "Eu não sou prisioneiro. Eu sou escritor". Essas frases borbulhavam, estalavam, repercutiam em mim com tamanha rapidez que eu não conseguia compreendê-las. Fechei os olhos com toda a força. Tentei me acalmar e as frases continuaram a me perseguir como uma sombra fugidia, como um mistério que espera ser resolvido. E então, eu compreendi. Pensei compreender.

Em 2003, meu pai ficou preso por alguns meses na penitenciária de Salé, após anos de processo. Ele se viu envolvido, como ex-presidente de um banco, em um dos maiores escândalos político-financeiros da história do Marrocos. Depois de ter sido libertado, adoeceu e morreu em 2004. Anos mais tarde, foi completamente inocentado dos crimes dos quais foi acusado.

Ao ler o texto de Ahmet Altan, foram essas as lembranças que me voltaram. Falei para mim mesma: "Meu pai é prisioneiro. E eu sou escritora". Ele morreu e eu estou viva. Com as minhas histórias, tento recuperar sua liberdade. Escrevo e cavo um buraco na parede de uma cela. Escrevo e, toda noite, serro as barras de uma prisão. Escrevo e o salvo, eu lhe ofereço escapatórias, paisagens, personagens em aventuras extraordinárias. Ofereço uma vida à sua altura. Eu devolvo a ele o destino que lhe foi negado.

Você morreu para ganhar uma segunda chance, e me parece que eu sou a depositária dessa segunda chance, que cabe a mim escrever o fim da história. Coloco jasmins em caixas fechadas, congelo o curso da água, faço reviverem atrizes falecidas que você amava, talho em pedra suas marcas no sofá.

O destino do meu pai sempre pesou sobre o meu. Eu tentei ignorar essa sensação. Quis evitar as evidências.

Vivo com o temor irracional de uma maldição. Tenho medo de que um destino semelhante me aguarde. Eu subiria bem alto para depois cair. Uma queda lenta vertiginosa. Uma queda triste e trivial, longe do interesse dos homens, nas sombras de um subsolo, na sombra do meu silêncio. Eu me entregaria à execração do mundo e depois ao esquecimento. E me parece que quanto mais eu tentar evitar esse destino, mais os acontecimentos me recordarão dessa fatalidade inevitável. Nada me permitirá escapar dela. Está escrito que essa maldição será transmitida de pai para filha.

Nesse ponto, seria o caso de contar a lenta descida do meu pai ao inferno. Seu declínio social. Sua prisão. Mas nada do que eu contasse seria verdade. Ou, melhor dizendo, aqueles que viveram os acontecimentos não encontrariam no meu relato a verdade nua e crua. Diriam que me enganei. Diriam que estou inventando. Que "não foi assim que aconteceu". Aquilo que não sei ficará na escuridão. Não quero resolver enigmas, preencher as elipses, restabelecer a verdade ou a inocência. Tenho aversão a explicações. Quero deixar perguntas sem resposta porque é nesses fossos, nesses buracos negros que encontro o material que cai bem à minha alma. É lá que teço minha tela, que invento espaços para a liberdade e para a mentira, que são, a meus olhos, uma única e mesma coisa. Avanço pelas ruas escuras e crio minhas próprias paisagens. Invento minha multidão, minha família, desenho rostos.

Muitos pensam que escrever é reportar. Que falar de si é contar o que se viu, relatar fielmente a realidade de que se foi testemunha. Eu, ao contrário, gostaria de contar o que não vi, aquilo de que nada sei e que, no entanto, me persegue. Contar os acontecimentos aos quais não assisti, mas que ainda assim fazem parte da minha vida. Colocar palavras onde há silêncio, desafiar a amnésia. A literatura não se presta a restituir o real, mas a preencher os vazios, as lacunas. Exuma-se a realidade ao mesmo tempo que se cria outra. Não inventamos, e sim imaginamos, damos corpo a uma visão, que construímos pedaço por pedaço, com restos de lembranças e de obsessões eternas.

O que meu pai acharia da minha fantasia de clausura? Sem dúvida zombaria de mim. "Quer ir presa no meu lugar, minha filha? Quer ser fechada a sete chaves?" Ele olharia para mim, o rosto iluminado por aquele sorriso que era o mais bonito do mundo. Não se enganaria com nada. Entenderia tudo que minha fantasia de clausura guarda de desespero e de perversão. Ele me tomaria em seus braços e me consolaria das minhas tentativas absurdas de salvá-lo e de assumir seu lugar. Algum dia saberei o que ele viveu? Será obsceno de minha parte querer compreender o que é viver isso?

O que aconteceu com meu pai foi a pedra angular do meu desejo de me tornar escritora. Recordo muitas vezes aquela frase de Marguerite Duras em *Emily L.*: "Acho que, quando isto estiver em um livro, não fará mais sofrer. Não será mais nada. Vai se apagar. [...] Escrever é isso, também. Sem dúvida, é apagar. Substituir". De algum modo, trata-se de corrigir a memória. Após a morte do meu pai, me pus a escrever com raiva. Inventava mundos nos quais as injustiças eram reparadas, em que as personagens eram vistas pelo que eram e não prisioneiras da imagem que a multidão fazia delas. Eu escrevia sobre pessoas incompreendidas e mergulhava em sua alma, o mais fundo que podia. Aprendi a viver dentro de mim, atenta à minha voz interior, à música e às palavras que desfilavam na minha cabeça. Escrevia por rechaço à realidade e por desejo de salvar os humilhados. Quando meu pai saiu da prisão, me falou da vida interior. Ele me fez ver que algo dele, nele, tinha resistido. Que havia em cada um de nós uma parte que ninguém podia nem atingir, nem profanar. Um abismo no qual a liberdade era possível. Passei a pensar que essa vida interior era minha salvação e que só dependia de mim perdê-la ou conservá-la. Essa vida interior, dali em diante, seria, toda ela, alimentada pela literatura.

"Sim, eu estou preso em uma penitenciária de segurança máxima bem no meio de uma terra de ninguém. Sim, eu habito uma cela cuja pesada porta de ferro faz um barulho infernal ao abrir e fechar. [...] Tudo isso é verdade, mas não é toda a verdade. Quando desperto com o murmúrio da neve se avolumando do lado de fora da janela, em pleno inverno, começo o dia naquela dacha com enormes vidraças onde o doutor Jivago encontrou refúgio. Até o dia de hoje, nunca acordei na prisão. Eu sou escritor. Não importa onde me tranquem, percorrerei o mundo ilimitado da minha mente. Como todos os escritores, tenho poderes mágicos. Posso atravessar paredes com facilidade", escreveu Ahmet Altan em *Je ne reverrai plus le monde* [Não voltarei a ver o mundo].

Meu pai era um homem misterioso. Falava pouco de si, e não tento elucidar seus mistérios. Eu os levo comigo, intrincados como são, e tenho a impressão de que eles me levam a persistir. Persistir no quê? Para ir aonde? Não sei. Mas, se a prisão foi a pedra angular da minha escrita, isso aconteceu também porque meu pai, e nós, por meio dele, fomos vítimas de uma injustiça. E somente a literatura me parecia capaz de dar conta disso, dessa experiência tão violenta, tão destrutiva. Muitas vezes eu me vi como advogada dos meus personagens. Como aquela que não está lá para julgar, para colocar em caixas fechadas, mas para contar a história de cada um. Para defender a ideia de que até os monstros, até os culpados têm uma história. Quando escrevo, sou tomada pelo desejo de trabalhar pela salvação de meus personagens, de proteger sua dignidade. A literatura, a meu ver, é a presunção de inocência. Mais ainda, é a presunção, simplesmente: presumimos que algo nos une ao resto da humanidade. Presumimos que esse personagem, saído de nossa imaginação, que viveu certa experiência que nós nunca vivemos, experimentou, ao vivê-la, uma emoção que podemos compreender mesmo sem saber. Desde sempre sinto pelos outros algo além de curiosidade. Um apetite feroz. Um desejo de penetrar seu interior, de compreendê-los, de tomar seu lugar por um minuto, uma hora, a vida toda. O destino dos outros me fascina e me faz sofrer quando sinto que ele é cruel ou injusto. Nunca pude descansar no conforto frio da indiferença. O passante na rua, a padeira que fala alto demais, o velhinho que anda devagar, a babá que sonha em um banco, todos me comovem. Ao escrever, tomamos afeição pelas fraquezas, pelos defeitos dos outros. Entendemos que estamos sós, mas que somos todos iguais.

O que me toca nos grandes escritores é sua consideração. Nos livros que me encantaram, os autores parecem movidos por tamanha empatia que as existências mais triviais, os sentimentos mais cotidianos se ornam de magia. Algo de grandioso emerge de nossas vidas miseráveis. Eles me deram a esperança, ou a ilusão, de que podíamos nos compreender, que poderíamos até mesmo nos perdoar, ou não nos julgar. Que não estávamos condenados a uma solidão fria e interminável.

Meu pai lia muito. A leitura era a fortaleza na qual se enclausurava e, aliás, ele empilhava os livros a seus pés como um pedreiro empilha tijolos para construir um muro. Recentemente notei que, em uma das raras fotografias em que aparecemos juntos, há um livro perto dele. É um exemplar de *Palácio da Lua*, de Paul Auster, publicado pela editora Actes Sud. Um dia — fazia muito que meu pai havia morrido —, encontrei esse livro na biblioteca dos meus pais. Reconheci a capa de tons róseos e azulados e me lembrei de como, menina, eu lia para impressionar meu pai. Pensava que, se tivesse um livro nas mãos, ele se interessaria por mim. Ele me veria. Eu li a metade do romance. Tinha chegado ao momento em que o personagem principal se encontra sozinho em seu apartamento, arruinado, desesperado, no meio dos montes de livros que ele costuma devorar. E então perdi o livro em um avião ou em alguma sala de embarque. Não comprei outro exemplar e nunca procurei saber o fim da história.

Não é agradável pensar nele. Não sei muito bem por quê. Sempre tive certa reticência, uma distância, nunca mergulho por completo nesses pensamentos, não me permito nenhum desamparo. Além do mais, não desejo isso. Eu nunca chorei sozinha lágrimas quentes, repetindo que ele me fazia falta. Havia nele um mistério e, em nossa relação, algo inacabado. Palavras que não foram ditas, experiências que não foram vividas. Ele era minha família, mas não me era familiar. Eu talvez tivesse o objetivo de conquistá-lo, de superá-lo, de fazer dele um aliado, um amigo. Ele morreu antes de eu conseguir. Na verdade, não gosto tanto de pensar nele porque os pensamentos em si são cheios de vazios. Eu sou incapaz de convocar uma lembrança precisa, uma conversa, uma brincadeira, uma refeição. Não, esses pensamentos são feitos de uma espécie de abismo, do fosso que me separava dele.

Estranhamente, quanto mais escrevo sobre meu pai, menos tenho a impressão de que ele existiu de verdade. As palavras, no lugar de lhe dar vida, o transformam em personagem e o traem. Recordá-lo é um sofrimento. Como quando, ainda criança, eu coçava as casquinhas que se formavam nos machucados dos meus joelhos. Doía, mas eu sentia um tipo de prazer estranho em ver a ferida sangrar de novo. Escrever sobre ele parece com isso. Não acredito que escrevemos para aliviar algo. Não acho que meus romances vão chegar ao fundo do sentimento de injustiça que eu vivi. Pelo contrário, um escritor se agarra de forma doentia a suas dores, a seus pesadelos. Nada seria mais terrível do que se curar deles.

Às vezes eu me pergunto: se tivesse que escolher entre a sua sobrevivência e a escrita, o que eu faria? Claro, o certo seria dizer: eu preferiria jamais ter escrito coisa alguma, que você estivesse aqui e nós não tivéssemos sofrido tanto. Mas não sei se posso dizer isso. Montherlant tinha razão: "Os escritores são monstros". Vampiros, sem dó nem piedade.

São três horas da madrugada e me dirijo ao belvedere, a ponta do edifício. Eu me lembro de que estou em uma alfândega. Aqui, era exercida a autoridade, fiscalizavam mercadorias, autorizava-se a passagem e estabelecia-se proibições. Até o século XV, uma alfândega única, para os produtos que vinham da terra e do mar, ficava próxima do Arsenal. Ela ficou pequena demais, e duas zonas foram então criadas para os trâmites alfandegários, a Dogana di Terra (alfândega terrestre), perto do Rialto, e a Dogana di Mare (alfândega marítima), que funcionava como uma eclusa entre a Giudecca e o centro administrativo de Veneza. O prédio atual, que data do século XVII, era ao mesmo tempo porta de entrada e de saída, fronteira e lugar de passagem, corredor no qual homens e objetos eram submetidos à inspeção. Situado na confluência de dois grandes canais que cortam a cidade, o Grande Canal e o Canal Giudecca, a alfândega é o ponto de encontro de duas civilizações: o império ítalo-germânico e o mundo árabe ou bizantino. Na ponta, ancoravam os barcos nos quais subiam os fiscais para inspecionar o calado e a entrecoberta, contar as mercadorias, verificar os livros de contas. Mas a alfândega servia também de entreposto. Certas cargas eram desembarcadas e depois reembarcadas, fazendo de Veneza o coração das transações comerciais entre a Europa Setentrional e o Levante. Vinho, peles, madeira, açúcar, óleo, especiarias e sedas, vindos do Oriente, dos Bálcãs, do Egito ou da Ásia Menor, se acumulavam nos entrepostos antes de serem vendidos na Itália, na França, em Flandres ou na Inglaterra. Graças ao sistema do "*incanto* das galeras de mercado",* esse império comercial explorava uma frota de milhares de galeras que singravam o Mediterrâneo. Cidade cosmopolita, nela conviviam judeus, cristãos e mouros.

Na primeira vez que visitei Veneza, foi isso que me impressionou. A cidade fazia parte tanto do Oriente quanto do Ocidente. Na praça de São Marcos, tive reminiscências de Cairo e de Istambul. As douraduras da fachada da basílica me fizeram pensar em um palácio bizantino, e os arcos, no interior de um madraçal ou de uma mesquita. Em certas vielas, acreditei estar no coração de uma medina concebida por arquitetos como labirintos para que os invasores se perdessem. Poderia estar em Fez ou Samarcanda. Imaginava mouros de turbante se perdendo nas *calli* e lembrava que

---

* Sistema comercial que estabeleceu uma norma única para o comércio marítimo veneziano, com linhas predeterminadas. Permitia que empresários se associassem para uma só viagem de um comboio ou galera. [*N.T.*]

para o mais célebre deles, Otelo, Shakespeare teria encontrado inspiração em um carismático embaixador do Marrocos na corte da Inglaterra. A vegetação era a mesma da minha infância, palmeiras e laranjeiras, jasmins subindo as paredes dos palácios.

Veneza é uma cidade sem terra. Sem solo e sem outra riqueza além do sal. As provisões vêm de fora, do exterior, do estrangeiro. Vejo nisso um símbolo da minha própria história. Talvez o lugar em que vivo seja parecido com essa península pontiaguda. Com essa alfândega que, em sua essência, é um lugar paradoxal. Eu não abandonei totalmente meu ponto de partida nem passei a habitar totalmente meu ponto de chegada. Estou em trânsito. Vivo em um entremundos.

Estou aqui, sozinha no coração da alfândega, rainha no meu reino sem moradores, sem vida e sem luz. Vago de sala em sala sem apresentar documentos de identidade, sem dar explicações, sem me justificar. Tomei posse desse território, inverti o curso das coisas, vivo de noite e vou me deitar ao amanhecer. Não tenho contas a prestar.

A vida toda, tive a impressão de ser minoria, de não compartilhar com outras pessoas uma comunidade de destino. Nunca respeitei tradições, ritos. As alegrias coletivas me apavoram. No Marrocos, sou ocidental demais, francófona demais, ateia demais. Na França, nunca consigo escapar do assunto das origens, "em país estrangeiro no meu próprio país", como disse Aragon. Por muito tempo, detestei ser tão nervosa e instável. Minhas contradições eram insuportáveis. Eu queria ser aceita e depois não queria ser um deles. Ter vários países, várias culturas, pode levar a certa confusão. Somos daqui e de outro lugar. Nós reivindicamos a condição de estrangeiro eterno e ao mesmo tempo detestamos sermos vistos como tal. Agimos de má-fé. Diante de um francês afirmando que os muçulmanos são intrinsecamente misóginos, seres violentos, defenderei com unhas e dentes a mente aberta de meus conterrâneos marroquinos, darei milhares de exemplos para contradizê-lo. Em contrapartida, diante de um marroquino que tente me convencer de que a França é pura mansidão e tolerância, defenderei o perfeito oposto e insistirei na misoginia e na violência que minam o país.

O que me preocupou por muito tempo foi a possibilidade de escrever sem estar solidamente ancorada a algum lugar, sem fundações nas quais me apoiar. É possível escrever quando não temos um bom solo? O que podemos contar quando não nos sentimos de lugar algum?

"Sabe qual é o seu problema? Você é expatriado. [...] Não soube disso? Ninguém que abandona o próprio país escreve nada que valha a pena publicar",* escreveu Hemingway em *O sol também se levanta*.

---

* Tradução de Sofia Soter, Novo Século, 2023. [*N.T.*]

Dividida entre minhas comunidades, escrevendo em um equilíbrio instável, sentia falta de um território materno que me nutrisse. Salman Rushdie ocupou, nesse sentido, um lugar importante na minha vida. Eu tinha oito anos e morava em um país muçulmano quando esse homem se viu sob o peso da *fatwa*. Ele era um traidor, um apóstata, a pior espécie que a terra poderia gerar. Era um vendido para o Ocidente, um infiel, que havia renegado a religião de seus ancestrais a fim de parecer interessante aos brancos. Depois, li seus livros, suas entrevistas, sua autobiografia, e minha admiração por ele não parou de crescer. Foi ele quem me ensinou que não éramos obrigados a escrever em nome dos seus. Que aquela bastardia, aquela mestiçagem devia ser explorada até o sabugo. Escrever não era exprimir uma cultura, mas se extirpar dela quando se fechasse em injunções, em imposições. "Nós nos parecemos com os homens e as mulheres após a queda do Paraíso. Somos hindus que atravessaram águas escuras; somos muçulmanos que comem carne de porco. O resultado disso é que pertencemos em parte ao Ocidente. Nossa identidade é ao mesmo tempo plural e parcial. Às vezes, temos o sentimento de ter um pé em cada cultura; e, às vezes, de estarmos sentados em duas cadeiras", afirmou ele. A meu ver, nem o discurso que glorifica a riqueza da mestiçagem, nem aquele que se incomoda com ela apreendem quão complexa é uma dupla identidade. Trata-se de um desconforto e de uma liberdade, uma dor e um motivo de exaltação.

Eu me sentia dilacerada entre legados e histórias tão diferentes, e parecia não ter alternativa senão me tornar um ser inquieto. Queria fazer parte do rebanho, descobrir as delícias de pertencer, de fazer parte de um grupo, de um conjunto, de uma comunidade. Eu queria alimentar ideias definitivas, não me sobrecarregar mais com nuances e dúvidas. Como diz Michèle Lacrosil em *Cajou*, eu me sentia tal qual "aquelas orquídeas de florestas tropicais, cujas raízes, descendo dos galhos altos das acomas, ficam suspensas entre céu e terra. Elas flutuam, buscam; elas ignoram a estabilidade do solo".

Quando eu cheguei à França, não me sentia completamente estrangeira. Tinha a sensação de conhecer o país, de dominar os códigos, a cultura, a língua. Eu os conhecia, mas eles não me conheciam. A Notre-Dame, Flaubert ou Truffaut me eram familiares. Eles não falavam de mim, me ignoravam e, no entanto, por um estranho acidente da História, eram meu patrimônio.

Maryse Condé, que deixou sua ilha natal para estudar literatura em Paris, conta em uma entrevista: "Eu não me senti deslocada ao chegar a Paris. Achei familiar porque aqui encontrei o que tinha vindo procurar: uma abertura para a cultura, a filosofia. Eu estava em casa. Já tinha a cultura francesa, a dominava. Alguma coisa dessa sociedade me era familiar. Ao mesmo tempo, foi em Paris que tomei consciência da cor da minha pele, que compreendi que eu era negra". Foi na França que me tornei árabe. Uma *beur*.* Na primeira vez que ouvi essa palavra, não entendi. Então me disseram: "Os *beurs* são os árabes daqui". De repente, ao chegar à França, eu tinha origem magrebina, vinda de um território indeterminado, sem fronteiras, sem diferenças ou sutilezas. Pior ainda, eu descobriria, com o passar dos anos, que eu era, como tão bem formulou meu amigo Olivier Guez, "uma árabe do jeito que eles gostam". Uma árabe que come carne de porco e bebe álcool, uma mulher emancipada e não perturbadora, mais apegada do que os próprios franceses aos conceitos de laicidade e universalidade. Eu era magrebina, tinha cabelos crespos e pele escura, de nome estrangeiro, mas citava Zola e minha infância havia sido embalada por filmes hollywoodianos dos anos 1950. Eu era como eles, mas com um toque de exotismo, adoravam me fazer reparar. Ninguém me pergunta de onde eu vim ou onde cresci. O que perguntam é que origem eu tenho, e às vezes respondo que, não sendo uma peça de carne nem uma garrafa de vinho, não tenho origem, mas uma nacionalidade, uma história, uma infância. Nunca totalmente daqui, nem totalmente de lá, eu me senti por muito tempo desprovida de qualquer identidade. Uma traidora, também, pois nunca consegui abraçar o mundo

---

* O termo é uma gíria nascida no *verlan*, forma de comunicação que opera por inversão de sílabas. *Verlan* seria a inversão de *"l'envers"*, que significa ao contrário, ao revés, em transcrição fonética. No exemplo citado, *"beur"* deriva da palavra *"arabe"*, em *verlan* *"beara"*, e, foneticamente, *"beur"*. Em sua origem, o termo designa jovens de origem magrebina nascidos na França e cujos pais são imigrantes. [*N.T.*]

no qual vivia. Eram sempre os outros que decidiam por mim o que eu era.

Desde que comecei a trabalhar no meu romance, tenho lido muito sobre a época colonial. Todos os dias, eu me perco na contemplação desse grande mapa de Meknès, datado de 1952. Nele é possível ver com clareza as fronteiras que separam os bairros da cidade. "O mínimo de mistura possível na ordenação das cidades", disse Lyautey em *Paroles d'action* [Palavras de ação], citado por François Béguin. Ali, prevalecia uma lógica de segregação, e minha bisavó achava totalmente normal, até saudável, que os judeus, os muçulmanos e os europeus se frequentassem sem viverem juntos. Como Berenice Abbott em Nova York, como Etel Adnan em Beirute, eu sonho encontrar nos muros de Meknès os rastros dessa perturbação que foi a experiência colonial. Que impressões aquela época deixou nos lugares e em mim? "O homem não se lembra da mão que o golpeou, da escuridão que o assustou, quando criança; mas a mão e a escuridão permanecem com ele, para sempre inseparáveis de sua própria pessoa, parte da paixão que o impele para onde quer que ele tente fugir"[*], escreveu James Baldwin em *Notas de um filho nativo*.

* * *

---

[*] Tradução de Paulo Henriques Britto, Companhia das Letras, 2020. [*N. T.*]

Eu sou filha de uma geração cuja identidade foi marcada a ferro; a geração dos meus pais aprendeu sobre a liberdade, a democracia e a emancipação das mulheres da boca daqueles que os dominaram a pretexto da raça e da ideologia colonial. E o poder colonial indica àqueles que, no entanto, chama de indígenas: "Este país não é seu". E os indígenas pensam: "Vivo no país dos outros. Estou na minha casa como se fosse um clandestino, em perigo, em alerta, como aquela jovem inquieta nas ruas de Sarajevo".

Eu falo essa língua, a língua "butim de guerra" que foi ensinada ao meu pai em uma escola em que ele era um dos poucos árabes. Falávamos francês em casa e vivíamos segundo regras que nem sempre estavam de acordo com as vigentes do lado de fora. Como Etel Adnan, elevei o idioma árabe ao estatuto de mito, ele é uma dor íntima, uma vergonha, uma ausência. Eu tinha o sonho de conhecê-lo em suas nuances mais ínfimas, de possuir seus segredos. Quando era criança, estudávamos árabe na escola, e a professora dedicava uma grande parte da aula a nos ensinar o Corão. Ela não admitia que fizéssemos perguntas, que questionássemos uma verdade. Talvez meu fracasso em dominar o idioma árabe se deva a esses métodos pedagógicos. Um dia, a professora, que era albina e usava sapatos tão apertados que seus pés ficavam arroxeados, afirmou com voz aguda: "Aqueles que não são muçulmanos não vão para o paraíso. Todos os infiéis vão acabar nas chamas do inferno". Aquilo me perturbou muito. Eu me lembro de ficar com os olhos cheios de lágrimas. Pensava na minha avó, na minha tia, em todos os nossos amigos que terminariam nas mãos de Satã. Mas não disse nada. Não ousei, porque sabia da violência daquela mulher e tinha entendido que era preciso me calar. No país onde eu vivia, éramos ensinados a nos curvar diante dos mais iluminados, a não fazer estardalhaço, a não arriscar nada. Quando o conservadorismo aumenta, quando o fanatismo se enreda em uma sociedade, passa-se a vida mentindo. Sobretudo, não se fala em concubinato, não se fala de homossexualidade, não se admite o desrespeito ao Ramadã, escondendo as garrafas de bebida e se livrando delas no meio da noite, a quilômetros de casa, bem embrulhadas em sacos pretos. Crianças que têm a inconveniente tendência a dizer a verdade causam desconfiança, e meus pais gastaram muitas horas me explicando que eu devia me conter. Eu detestava isso. Detestava minha covardia, minha submissão à verdade alheia. Rushdie me ensinou que não era possível escrever sem vislumbrar a possibilidade de trair, sem dizer as verdades que escondemos desde a infância.

A dominação colonial, enfim compreendi, molda não somente as mentes mas também os corpos, que ela constrange e aprisiona. O dominado não ousa se mover, se rebelar, sair de si ou de seu bairro, se expressar. "A primeira coisa que o indígena aprende", escreveu

Frantz Fanon em *Os condenados da terra*, "é a ficar no seu lugar, não ultrapassar os limites. Por isso é que os sonhos do indígena são sonhos musculares, sonhos de ação, sonhos agressivos. Eu sonho que pulo, que nado, que corro, que subo. Sonho que caio na gargalhada, que transponho o rio com uma pernada, que sou perseguido por bandos de veículos que nunca me alcançam. Durante a colonização, o colonizado não para de se libertar entre nove horas da noite e seis horas da manhã."

Então é para isso que serve o território da noite? Pela janela, contemplo a fachada dos palácios, os barcos amarrados e, ao longe, vejo uma luz roxa piscando. Se a noite é perigosa, é porque ela dá aos dominados ideias de vingança, aos prisioneiros, sonhos de evasão, às mulheres oprimidas, roteiros de assassinatos. Entre nove horas da noite e seis da manhã, sonhamos nossa reinvenção, perdemos o medo de trair ou de dizer a verdade, acreditamos que nossos atos não terão consequências. Imaginamos que tudo é permitido, que os erros serão esquecidos, as faltas, perdoadas. A noite, território da reinvenção, de preces murmuradas, de paixões eróticas. A noite, lugar onde as utopias cheiram a possibilidade, onde o real e o trivial parecem não poder nos limitar. A noite, terra de sonhos onde se descobre que abrigamos, no segredo do coração, uma multidão de vozes e uma infinidade de mundos. "Eu proclamo a noite mais verídica que o dia", escreveu Senghor em *Éthiopiques*.

* * *

Eu me deito em minha cama de armar. Fecho os olhos. Escuto o som da água batendo no cais. Pronto, digo a mim mesma entre a vigília e o sono. Isso é o que seu pai teria lhe aconselhado fazer, se você tivesse escutado. "Fuja! Saia dessa prisão à qual você mesma se condenou. Vá ao encontro do mundo." Ao meu redor, tudo está imóvel, e começo a odiar esses objetos inertes e mudos. Esses quadros, essas telas, essas vitrines, esses pedaços de mármore me irritam e me angustiam.

Nos últimos meses, viajei sem parar. Esperei em estações de trem e aeroportos. Passei por dezenas de controles de segurança, atravessei fronteiras, apresentei meu passaporte a policiais de diversas nacionalidades. De tão cansada e desorientada, cheguei a despertar em quartos de hotel sem saber em que país estava. Uma manhã, no México, alguém bateu à porta do meu quarto. Abri, a mente enevoada, e comecei a falar em árabe com a camareira diante de mim. Essas viagens propiciadas pelo meu trabalho de escritora não são aventuras ou explorações. São viagens imóveis a lugares fechados, pois na maior parte do tempo vai-se da estação ao hotel, do hotel à sala de conferências, depois de novo a uma plataforma de estação de trem. Meu editor se preocupou com essas pulsões de viagem. Ele me escreveu: "Há no seu frenesi de movimento algo apavorante, como se o único objetivo de sua existência tenha se tornado cobrir de carimbos as páginas do seu passaporte e se deslocar pelo mundo inteiro". Não sei exatamente o que me levava a essas viagens incessantes, a essa fuga. Eu queria saber habitar um lugar, me integrar ao mundo à minha volta, gozar de seus componentes e da natureza, como Camus descreve tão maravilhosamente em *Bodas em Tipasa*, ou Alexis Zorba, personagem de Nikos Kazantzakis, que representa, para mim, um ideal inacessível. Esse colosso, guloso e sedutor, esse "capitão das mil aventuras" que não teme nada nem ninguém e cujo gosto pela liberdade impressiona tanto o narrador do romance. É o mar Egeu que corre em suas veias, seu corpo parece feito da mesma rocha que as montanhas de seu país. "Ao ouvir Zorba, sentia-se renovar a virgindade do mundo. Todas as coisas desbotadas e cotidianas retomavam o brilho do primeiro dia [...]. A água, a mulher, a estrela, o pão voltavam à misteriosa fonte primitiva [...]."*

Pode soar paradoxal, mas me parece inviável habitar um lugar que não tenhamos a possibilidade de abandonar, de deixar. Habitar é o contrário do aprisionamento, da imobilidade forçada, da inércia. "Se você não consegue deixar o lugar onde se encontra, é porque está do lado dos fracos", escreveu Fatima Mernissi. Ao escrever essa frase, ela pensa, claro, nas mulheres enclausuradas nos haréns, mas também, tenho certeza, nos

---

* Tradução de Edgar Flexa Ribeiro e Guilermina Sette. [*N.T.*]

jovens marroquinos que, nas alturas de Tânger ou às margens do Atlântico, sonham com outro lugar e estão dispostos a morrer para chegar lá. Ser dominado, estar do lado dos fracos, é ser compelido à imobilidade. Não poder abandonar seu bairro, sua condição social, seu país. Na minha infância, todas as manhãs via longas filas em frente aos consulados da Espanha, da França, do Canadá. Nos anos 1990, o fenômeno dos harragas* se intensificou. Todo mundo queria um visto. A Europa se tornou um território ao mesmo tempo maldito e loucamente desejado. Nos terraços de todas as cidades abundavam antenas parabólicas, portais para um mundo inacessível, que víamos na televisão e nos fazia tremer de inveja. É o que a artista marroquina Yto Barrada, que viveu e trabalhou por muito tempo em Tânger, chamava de "desejo de Ocidente". Desde então, essa injustiça fundamental me persegue: milhões de homens são condenados a não poder sair de sua terra. Eles são proibidos de viajar, impedidos, enclausurados. O mundo contemporâneo se estrutura desta forma: sobre a desigualdade de acesso à mobilidade e à circulação.

Um amigo meu, o escritor Abdellah Taïa, nasceu em Salé, cidade operária vizinha a Rabat e separada dela pelo rio Bouregreg. A burguesa Rabat avalia sua

---

* O termo, de origem argelina, significa "aqueles que queimam" em árabe e designa os imigrantes ilegais do Norte da África para a Europa, que queimavam seus documentos para não serem identificados pelas autoridades. [N.T.]

gêmea populosa com desprezo, e a fronteira que separa as duas cidades não é cruzada tão facilmente. Abdellah vem de um bairro pobre de Salé e, quando fez dezoito anos, contrariando o conselho de muitos, decidiu estudar literatura em Rabat. Tentaram dissuadi-lo. Disseram que o filho de uma família pobre não tinha tempo para perder em cadeiras de universidade. Que devia permanecer no seu lugar. Não devia tentar ir embora. "Todos os dias, eu precisava pegar o ônibus e fazer uma viagem que durava cerca de meia hora, entre meu bairro e a faculdade de Letras. Não era uma distância muito grande e, no entanto, essa viagem de ônibus custou à minha mãe sacrifícios inacreditáveis. De 1992 a 1998, ela se virou para conseguir os doze *dirhams* diários de que eu precisava para me deslocar. Sem ela, sem essa viagem de ônibus, eu não teria podido sair do meu meio e escapar ao meu destino", ele me contou. Nós concluímos que, se não houvéssemos nos tornado escritores, se não tivéssemos os dois emigrado, sem dúvida nunca teríamos nos conhecido. Teríamos vivido em cidades vizinhas, talvez nos encontrássemos na rua, na praia, mas é altamente improvável que ficássemos amigos. A fim de sermos livres, de nos tornarmos nós mesmos, foi preciso que cada um de nós se afastasse das margens daquele rio. Foi preciso encontrar outro lugar onde se inventar.

"Desculpe, senhorita, sinto muito, mas preciso acordá-la."

Uma mão toca meu ombro. Escuto uma voz masculina falando em italiano. Abro os olhos. Um rosto se debruça sobre mim. Tomo um susto tão grande que caio da minha cama de armar e bato a cabeça no chão. O desconhecido se apavora. Quer saber se me machuquei, se é preciso chamar o socorro. Agito as mãos, me levanto sacudindo o vestido, finjo não sentir dor. Tenho um galo na testa e, mais do que tudo, estou morrendo de vergonha diante deste homem tão atencioso que, tenho certeza, segura o riso para não me ofender.

Concluo que ele não é um guarda, mas a pessoa que precisa limpar aquela sala antes da chegada dos primeiros visitantes. Já é dia, e a noite que acabei de viver parece irreal. A vida continua, bem distante das minhas elucubrações, e este homem começa seu dia de trabalho. Passo a mão pelo meu cabelo desgrenhado. Faço sinal de que estou indo embora, que vou me apressar, que sinto muito e não vou mais atrapalhar.

Não sei mais onde deixei os sapatos e corro, descalça, pelo museu deserto. Tenho a impressão de que as obras com as quais dialoguei durante a noite se tornaram estranhas para mim. Elas se fecham em si mesmas, não me dão nenhuma atenção, portam-se como se não me conhecessem. Pego minhas botas diante de um terrário do qual, enfim, exala o perfume da dama-da-noite. Este perfume me acompanha enquanto me dirijo até a porta que atravessei na noite anterior. Eu a empurro e, no momento em que passo pelo umbral, uma dúvida me assalta: esta porta ficou aberta o tempo todo? Eu podia, se assim quisesse, ter fugido no meio da noite? Teria podido escapar?

Saio de forma tão precipitada que não sei que horas são. A manhã acaba de romper o céu. A cidade está azul e deserta. Não há um ruído sequer. Nenhum passante, a não ser aquela silhueta que corre, lá longe, e que já desapareceu. Passo em frente à Santa María della Salute, atravesso uma pontezinha de madeira. Não há ninguém à vista, então colo meu rosto às grades de um portão e tento distinguir o interior de um jardim. Por sobre o muro, pendem galhos de uma palmeira e uma glicínia florida como no jardim de Rabat. A casa, acho, está abandonada.

Em uma praça, um homem abre seu café. Ele dispõe mesas na varanda e me observa. Tenho o vestido amarrotado, o cabelo desgrenhado e a maquiagem escorreu pela minha bochecha. Meu rosto é o de uma mulher que não dormiu. Que história ele estará formulando? A de uma mulher rejeitada, de uma esposa infiel que deixou o apartamento do amante ao amanhecer? Quando eu tinha dezesseis anos e virava noites, era comum a gente dançar até o raiar do dia. Ainda estávamos um pouco bêbados quando a luz da manhã vinha nos surpreender. O amanhecer era ao mesmo tempo um alívio — havia sobrevivido — e um momento repleto de melancolia. Ele marcava o fim de um encantamento, e então eu percebia a palidez dos meus companheiros de festa, sua tez abatida, sua boca deformada pela náusea.

"Venha se sentar", me indica o garçom com o queixo. Eu me acomodo à mesa. Peço um café curto e acendo um cigarro. A praça está vazia. Ninguém está sentado à beira da fonte. Nenhum grupo de turistas cujo guia ergue no alto uma bandeira colorida ou um guarda-chuva. Bem suavemente, uma dança começa. Persianas se abrem. Uma mulher sai de um prédio, com o filho no colo. Silhuetas atravessam a praça e, quando meu segundo café, forte e bem quente, chega à mesa, a vida já retomou seu curso.

Em breve será preciso que eu volte à minha toca, retome meu lugar na escrivaninha. Que eu me torne tão imóvel, tão indiferente aos demais como os objetos que me fizeram companhia durante aquela noite. Meus personagens me aguardam, vou desenterrá-los das profundezas, exumarei segredos. Vou dar vida a fantasmas. Porque a literatura, como a arte, não conhece o tempo da vida cotidiana. Ela não está nem aí para as fronteiras entre passado e presente. Ela faz o futuro acontecer, nos manda de volta às florestas claras da infância. Quando se escreve, o passado não está morto.

Escrever foi, para mim, uma empreitada de reparação. Reparação íntima, ligada à injustiça de que meu pai foi vítima. Eu queria reparar todas as infâmias: as ligadas à minha família, mas também ao meu povo e ao meu gênero. Reparação, também, de meu sentimento de não pertencer a nada, de não falar por ninguém, de viver em um não lugar. Poderia ter pensado que a escrita me concederia uma identidade estável, que ela permitiria, em todo caso, que eu me inventasse, me definisse além do olhar dos outros. Mas compreendi que essa fantasia era uma ilusão. Para mim, ser escritora é se condenar a viver à margem. Quanto mais escrevo, mais me sinto excomungada, estrangeira. Eu me enclausuro por dias e noites para tentar pronunciar os sentimentos de vergonha, de mal-estar, de solidão que me atravessam. Vivo em uma ilha, não para fugir dos outros, mas para contemplá-los e saciar, assim, a paixão que sinto por eles. Não sei se escrever salvou minha vida. Desconfio, em geral, desse tipo de ideia. Eu teria sobrevivido se não fosse escritora. Mas não tenho certeza de que teria sido feliz.

Escrever é ser só, mas...

 Toda a minha gratidão à minha editora e amiga Alina Gurdiel, sem a qual este livro não existiria. Seu entusiasmo e sua paixão tornaram possível organizar essa noite louca em Veneza. Ela me acompanhou, durante as semanas de escrita, com uma benevolência e uma delicadeza que se tornaram uma maravilhosa lembrança. Obrigada a Martin Béthenod por nos receber no Punta della Dogana e por ter compartilhado comigo com tamanha generosidade sua visão sobre Veneza e sobre a arte contemporânea. Obrigada também a Manuel Carcassonne por seu olhar afiado e brilhante sobre o manuscrito deste livro e por essa paixão pela literatura que o move e que nos une. Por fim, agradeço a meu amigo Jean-Baptiste Del Amo, que aceitou o papel de primeiro leitor e cujos comentários tanto me ajudaram.

Coleção *Minha noite no museu*,
dirigida por Alina Gurdiel

Obrigada a Martin Béthenod, diretor geral da Bourse de Commerce (Coleção Pinault), por ter acolhido com tanto entusiasmo este projeto de noite veneziana no coração do Punta della Dogana.

Obrigada a Bruno Racine, diretor do Palazzo Grassi — Punta della Dogana (Coleção Pinault), por apoiar este livro com tanto vigor e cordialidade.

Obrigada também à sua equipe, Martina Malobbia e Clementina Rizzi, que organizaram tudo para receber essa visitante noturna.

A.G.

Este livro foi impresso em 2024, pela Lisgráfica, para a HarperCollins Brasil. O papel do miolo é pólen bold 90g/m², e o da capa é cartão 250 g/m².